Illustrazioni di Nishan Akgulian

DeAGOSTINI

Come correre di meno e godersi di più la vita

Guida di sopravvivenza per mamme che lavorano

di Suzanne Riss e Teresa Palagano

INTRODUZIONE DI MICHELE BORBA

WORKING MOTHER magazine

Meno lavoro per le mamme che lavorano

Benché i miei tre figli siano ormai cresciuti, sono stata una mamma lavoratrice durante tutta la loro esistenza: insegnante, psicologa educazionale, esperta di relazioni figli-genitori, consulente e scrittrice. Avere una carriera mi ha sempre dato una grande gioia, ma di sicuro avrei desiderato una guida come questa che mi aiutasse nell'arte di equilibrare i vari aspetti della mia vita. Sarei stata meno dedita al multitasking, avrei vissuto di più "nel momento" e fatto del "tempo per me" una priorità. Avrei provato maggiore orgoglio e minore senso di colpa per aver deciso di essere al tempo stesso una mamma e una lavoratrice. Sarebbe stato più facile riconoscere che amavo profondamente il mio lavoro (ed è ancora così). Mi rivedo in queste pagine e so che le sfide e le frustrazioni, le ricompense e le gioie qui esplorate sembreranno immediatamente familiari a tutte le mamme che lavorano.

Come genitori, siamo ansiosi di fare tutto quanto ci è possibile per rendere felici i nostri figli. Speriamo di aiutarli a crescere nel modo giusto e di equipaggiarli con le capacità di cui avranno bisogno per condurre un'esistenza piena e gratificante ed essere buoni cittadini del mondo. Di questi tempi, tuttavia, molti genitori, e in particolare le mamme che lavorano, devono affrontare maggiori pressioni di quanto sia mai accaduto in passato. A volte siamo incapaci di distinguere le priorità da quello che invece è possibile trascurare, e non sappiamo gestire le forze che ci trascinano in così tante direzioni diverse mentre cerchiamo di fare del nostro meglio per la famiglia come per la carriera.

E benché tutte aspiriamo a essere mamme, collaboratrici e compagne fantastiche, non possiamo essere fantastiche in tutto ogni giorno. Può essere utile compiere scelte ragionevoli, trovare scorciatoie che facilitino le cose, accettare case non proprio immacolate e approfittare delle strategie di coloro che ci sono già passate.

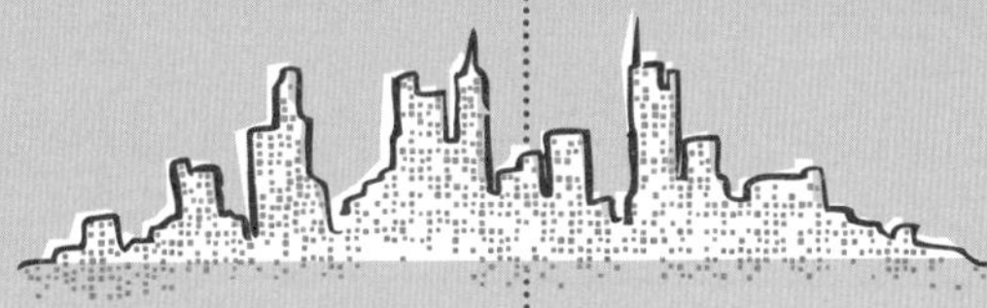

Guida di sopravvivenza per mamme che lavorano, scritto da Suzanne Riss e Teresa Palagano, è una magnifica risorsa per le madri lavoratrici, perché offre un'autentica banca dati di suggerimenti e strumenti. Illuminante e utile, questo libro vi aiuterà a trovare la giusta prospettiva e il senso dell'umorismo in presenza di sfide che altrimenti vi farebbero venir voglia di seppellirvi sotto le coperte. Sono informazioni facilmente accessibili, basta scorrere i vari capitoli ed estrarne rapidamente le pepite d'oro di cui siete alla ricerca. Scoprirete interessanti strategie un po' su tutto, dal barcamenarvi con successo nel lavoro mentre crescete dei figli al costruire reti di sostegno solide e affidabili, così da avere un'ancora di salvezza quando si presenteranno le inevitabili crisi. Il libro straripa letteralmente di "dritte" originali su come risparmiare tempo, che vi permetteranno di avere molti momenti in più da trascorrere con la vostra famiglia.

Ho collaborato per molti anni alla rivista *Working Mother*, e in qualità di esperta ho trattato un po' di tutto, dall'educazione etica dei bambini a come difenderli dai soprusi dei compagni di scuola. Ciò che non credo i redattori abbiano capito è che anch'io imparo da loro, sia dalla rivista sia, ora, da questo libro.

Suzanne e Teresa trasmettono un orgoglio – che nasce dal loro essere donne e lavoratrici, che contribuiscono finanziariamente alle necessità delle rispettive famiglie, e dal fungere da modello per i bambini – che non si può fare a meno di percepire. Ci dimostrano come essere madri può farvi migliorare nel lavoro (dopo tutto, conoscete una sola mamma che non eccella nel multitasking, nella pianificazione e nella capacità di organizzarsi?). Celebrano la consapevolezza che lavorare fa bene alla salute e aumenta l'autostima. Abbracciano idealmente la mamma ambiziosa che assiste agli allenamenti di calcio della figlia e al tempo stesso punta a un'importante promozione. Ci ricordano che un incarico più qualificato accresce la capacità di operare a favore di altri genitori che lavorano. Tenetevi pronte: probabilmente mentre leggerete queste pagine la vostra autostima crescerà rapidamente.

Ho apprezzato anche il capitolo di *Guida di sopravvivenza per mamme che lavorano* sui nuovi media, perché offre opinioni che mi vedono completamente d'accordo ma di cui non ho letto da nessun'altra parte. Escogitiamo spesso metodi per limitare l'esposizione dei figli ai nuovi strumenti mediali, senza però renderci conto di quanto quella stessa esposizione condizioni noi. I nostri ragazzi se ne accorgono vedendo che abbiamo costantemente il BlackBerry in mano o che inviamo messaggi su messaggi all'ufficio. Qui troverete idee e suggerimenti pratici quanto realistici per staccare la spina e godervi più tempo in compagnia dei vostri figli. È un approccio delicato che fornisce soluzioni semplici per aiutare le mamme a trovare un equilibrio fra casa e lavoro.

Suzanne e Teresa sanno che troppo spesso le mamme lavoratrici collocano le loro necessità in fondo alla lista delle cose da fare, ma si rendono conto di quanto sia importante per le donne superimpegnate prendersi cura di sé. Prima ancora di finire il libro vi sentirete meno ansiose e in colpa e comprenderete che pensare anche a voi stesse è, di fatto, un atteggiamento estremamente altruista. Le madri felici che si prendono cura di sé e si sentono realizzate portano più gioia nelle loro case.

Oggi il lavoro è per molte donne una componente essenziale per il raggiungimento della felicità. Alle mamme che lavorano piace sentirsi utili e contribuire al benessere economico della famiglia. E naturalmente, se volete insegnare ai figli a essere indipendenti e a seguire le proprie passioni, sappiate che rappresentate un potente modello di riferimento nel momento in cui siete le prime a farlo.

Michele Borba, Doctor of Education
Esperta di rapporti genitori-figli, psicologa educazionale, collaboratrice di *Today Show* e autrice del premiato *The Big Book of Parenting Solutions*

Condividere: da mamma a mamma

Una sera di poco tempo fa, nel corso di una telefonata che serviva a decidere la conclusione di un capitolo, venivamo interrotte di continuo: «Jay, molla quell'arma. Resta in linea, mio figlio sta cercando di uccidere il suo amico con una spada Nerf». «Jack, dove hai visto l'ultima volta il cappello di Woody?». Una volta che l'aspirante cowboy ebbe riavuto il suo cappello e i due spadaccini se ne furono andati ciascuno per la propria strada, ci rimettemmo al lavoro. Finché una delle due non dovette riattaccare precipitosamente: «Dannazione, stanno esplodendo i ravioli!».

Abbiamo lavorato entrambe per *Working Mother* da quando i nostri figli, Jack e Jay, erano marmocchi, fino al compimento dei sette anni. E durante la pianificazione di ogni numero abbiamo avuto la fortuna di poter incanalare le nostre preoccupazioni, crisi e frustrazioni in articoli, cercando soluzioni che spesso ci hanno letteralmente salvate. Cosa deve fare una mamma che lavora quando suo figlio le chiede: «Perché non puoi essere tu la rappresentante di classe? Perché devo andare al doposcuola dopo le lezioni? Perché il tuo cellulare non smette di squillare?».

Parlare dei nostri figli e delle nostre carriere ci ha condotte a elaborare molte tattiche legate alla sopravvivenza. A mano a mano che imparavamo strategie dagli esperti che consultavamo, dalle migliaia di "mamme in trincea" che c'erano fra le nostre lettrici e dagli studi e sondaggi che passavano sulle nostre scrivanie, ci siamo rese conto di essere diventate una sorta di banca dati di preziosi suggerimenti sulla vita e il lavoro: dal trattare con il capo per l'orario flessibile (consiglio: periodo di prova) all'eliminare le grinze da una camicia senza un ferro da stiro (consiglio: ammorbidente spray per tessuti). *Guida di sopravvivenza per mamme che lavorano* è nato dal desiderio di diffondere questo patrimonio, di condividere le informazioni che altri avevano condiviso con noi.

Inoltre, come mamme lavoratrici sappiamo di aver bisogno di tutto l'aiuto possibile. Gli Stati Uniti hanno raggiunto una svolta nel 2011 quando, per la prima volta, la forza lavoro femminile ha ufficialmente superato in termini numerici quella maschile. Ora le madri si occupano totalmente o in parte del mantenimento di quasi due terzi delle famiglie americane. Secondo il Census Bureau ci sono attualmente quasi dieci milioni di madri single.

Con un ribaltamento rispetto ai tempi in cui siamo cresciute, quando le madri lavoratrici erano un'eccezione, attualmente il 72 per cento delle mamme lavora a tempo pieno o part time. Esistono datori di lavoro attenti ai bisogni della famiglia – e ogni anno *Working Mother* ne illustra esempi straordinari pubblicando i nomi delle cento migliori aziende (*Working Mother 100 Best Companies*) –, ma per molti l'orario flessibile e il telelavoro sono ancora possibilità mai sperimentate. Abbiamo pensato che una guida alla sopravvivenza calata nel nostro tempo avrebbe contribuito a dimostrare alle donne che è possibile essere mamme attente e splendide collaboratrici senza avere la sensazione di affondare nelle sabbie mobili di esigenze e necessità in competizione fra loro.

Quando ci siamo sedute a tracciare le linee base della nostra guida, ciascuna di noi ha fatto ricorso a un'altra fonte, intervistando la propria madre. Suzanne ha alle spalle una lunga tradizione di mamme lavoratrici: la sua bis-bisnonna gestiva un negozio di tessuti, una nonna insegnava e l'altra era un medico.

Nel ripercorrere la storia professionale di sua madre, Suzanne ha capito che era stata una sorta di pioniera: si era assunta la piena responsabilità del proprio percorso lavorativo e in base a esso aveva forgiato la propria vita. A differenza di molte compagne di college che si erano laureate, sposate e avevano messo su famiglia in rapida successione, lei dopo la laurea aveva cominciato a lavorare, prima come assistente ospedaliera e poi come correttrice di bozze di testi legali e marketing account executive. Dopo essersi sposata, poiché era intenzionata ad avere figli, avviò un'agenzia per incontri online, così da poter gestire meglio il proprio tempo.

Una volta svuotatosi il nido tornò a scuola e adesso è psicoanalista. Di conseguenza, a dieci anni Suzanne sapeva già che un giorno avrebbe lavorato. Sulla falsariga della sfaccettata carriera della madre, immaginava che sarebbe diventata una pattinatrice su ghiaccio professionista proprietaria di un negozio di fiori e al tempo stesso intrepida reporter sul genere di Lois Lane.

Teresa ha esplorato la strategia di sopravvivenza impiegata dalla madre mentre con suo padre tirava su una mezza dozzina di figli. Si chiedeva come facesse a cucinare, pulire, fare la spesa, fungere da leader della truppa, assistere a partite di basket e restare sveglia durante esibizioni musicali e di danza. Come facesse a curare ginocchia scorticate, corpicini tormentati dall'influenza e cuori spezzati e a risparmiare per le spese universitarie e affrontare l'argomento sesso – sei volte! – lavorando a tempo pieno come rappresentante e poi come infermiera in una struttura per anziani. Il segreto di sua madre: «Bevevo un sacco di tè». Tutti i figli sapevano che quando la mamma varcava la porta di casa, resoconti di calamità, richieste di denaro o domande sulla cena dovevano aspettare che lei avesse bevuto la sua tazza di Tetley.

Oggi lo chiamiamo "tempo per noi stesse", e questa guida è piena di promemoria sull'importanza che vi prendiate cura di voi. Vi aiuteremo ad accogliere l'imperfezione, a liberarvi del senso di colpa, ad accettare aiuto e a offrirlo. Approfittare delle scorciatoie e dare una tirata d'orecchie alla vostra vita quando non procede nel modo giusto serve non solo per sopravvivere, ma per prosperare. Questo manuale non vi promette che non riceverete più telefonate di lavoro durante i weekend, né che i vostri figli impareranno a giocare buoni buoni in un angolo, e neppure che i ravioli non esploderanno, di tanto in tanto. Ma ci auguriamo che, nel mezzo di questo caos, i nostri suggerimenti vi aiutino a restare calme mentre digitate il numero della pizzeria che fa consegne a domicilio.

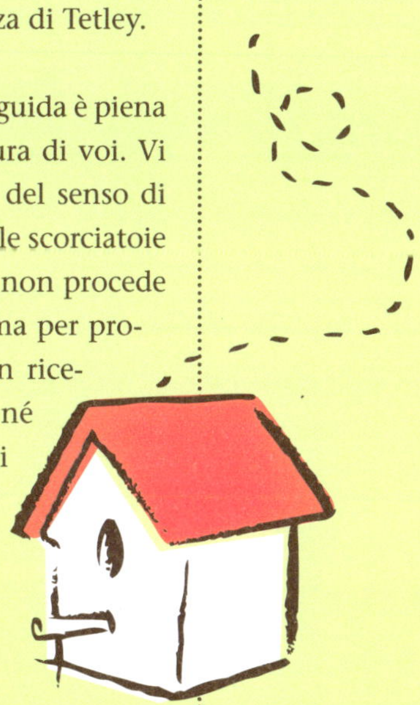

Suzanne Riss e Teresa Palagano

Quello che ci avete detto

Nessuno è più esperto riguardo a una mamma che lavora di... bé, una mamma che lavora. Allo scopo di attingere dalla vostra competenza collettiva, dal febbraio al marzo 2011 *Working Mother* ha promosso un sondaggio online e ben 1053 di voi ci hanno raccontato la loro storia. Ecco i risultati:

Qual è la tua età?

18-24 **1,7%**
25-29 **8,5%**
30-34 **19,1%**
35-39 **23,1%**
40-44 **20,8%**
45-49 **12,1%**
50+ **14,7%**

Qual è il tuo livello di istruzione?

Superiori non completate **0,9%**
Diploma di scuola superiore **8,8%**
College senza aver conseguito la laurea **23,6%**
Quattro anni di college con laurea **32,9%**
Specializzazione post-laurea non completata **5,5%**
Master **20,7%**
Dottorato **1,6%**
Altre lauree (in medicina, giurisprudenza, ecc.) **5,9%**

Quanti figli al di sotto dei 18 anni hai?

1 **33,1%**
2 **36,9%**
3 **12,5%**
4 **3,4%**
5+ **1,3%**
6 I miei figli hanno più di 18 anni **12,7%**

Qual è l'età dei tuoi figli che hanno meno di 18 anni?

Meno di 1 **9,1%**
1-3 **39,8%**
4-6 **42,4%**
7-9 **33,2%**
10-12 **26%**
13-15 **21,1%**
16-17 **12,4%**

Qual è il tuo stato civile?
Sposata **79%**
Separata/divorziata **10,4%**
Single, mai sposata **7,2%**
Convivente **2,8%**
Vedova **0,5%**

Quale dei seguenti termini descrive meglio la tua condizione lavorativa?
Impiegata a tempo pieno (più di 30 ore settimanali) **62,5%**
Impiegata part time (meno di 30 ore settimanali) **10,6%**
Non impiegata: temporaneamente non impiegata **3,8%**
Non impiegata: studentessa **1,2%**
Non impiegata: in pensione **2,8%**
Non impiegata: casalinga **16,3%**
Altro **2,8%**

Lavori in proprio? (Per chi ha risposto impiegata o temporaneamente non impiegata)
Sì **10,4%**
No **89,6%**

Qual è la tua qualifica professionale? (Per chi ha risposto impiegata)
Manager/amministratore **26,6%**
Professionista (medico, avvocato ecc.) **23%**
Impiegata/incarico amministrativo **16%**
Funzionaria/dirigente/ titolare/socia **8,8%**
Addetta alle vendite **5,5%**
Addetta a servizi tecnici o di supporto **4,5%**
Altro **15,6%**

Qual è il tuo reddito individuale annuo? (Per chi ha risposto impiegata)
Sotto i $20.000 **6%**
$20.000-$29.999 **7,3%**
$30.000-$39.999 **10%**
$40.000-$49.999 **11,3%**
$50.000-$74.999 **23%**
$75.000-$99.999 **14,4%**
$100.000-$149.999 **11,8%**
$150.000+ **4,9%**
Preferisco non rispondere **11,3%**

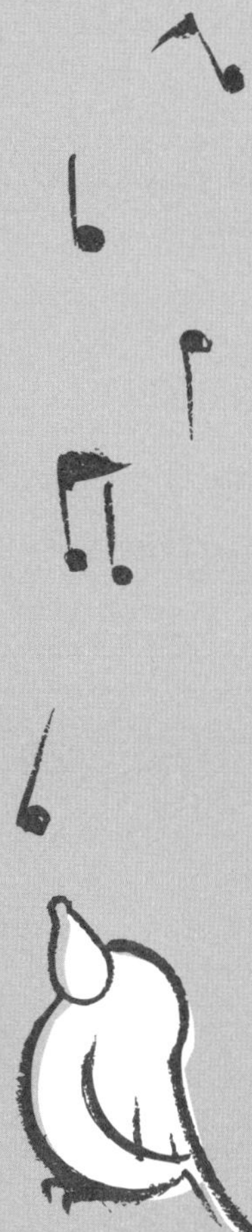

Nishan

1

Arriva il bambino

Nel momento in cui vedete che il test è positivo, tutto cambia: state per diventare mamme! E benché abbiate nove mesi per abituarvi all'idea, dovrete affrontare i mutamenti che la gravidanza comporta (aiuto!) mentre portate avanti il vostro lavoro... a partire da adesso. Doppio aiuto!

Per fortuna, un sacco di madri hanno già percorso questa strada. Ecco come barcamenarsi tra alcune delle maggiori sfide con cui le donne incinte e le mamme nuove di zecca devono confrontarsi.

Dirlo al boss

Annunciare la lieta notizia a parenti e amici è la parte più facile. Sorrideranno, vi abbracceranno, si congratuleranno, forse scoppieranno a piangere. Nondimeno, ci sono buone possibilità che la notiza non venga accolta con lo stesso calore dal capo e dai colleghi; forse avranno paura che decidiate di non tornare dopo il parto o metteranno in discussione la vostra dedizione al lavoro. Anche se non dovete sentirvi tenute a parlarne finché non sarete pronte, quando cominceranno a infilarvi nella borsa brochure della dieta Weight Watchers capirete di aver aspettato troppo. Ecco delle linee guida per individuare il momento giusto.

Prima di renderlo pubblico. Leggete le parti del contratto riguardanti la maternità e il relativo congedo. Le doglie, come l'assistenza pre e postnatale, sono spesso trattate come una malattia.

8 settimane. Se soffrite molto di nausea o state vivendo una gravidanza a rischio, informatene per tempo il capo, in modo che abbia il tempo di organizzarsi nel caso necessitiate di un periodo più lungo di astensione dal lavoro. Ditelo subito anche se le vostre mansioni sono particolarmente faticose o se avete bisogno di modificarne alcuni aspetti, come per esempio ridurre i viaggi. Se lavorate in proprio, otto settimane sono un buon periodo per decidere quali incarichi ultimare prima dell'arrivo del bambino e per cercare qualcuno che vi sostituisca. E ricordate: è irrealistico pensare di poter lavorare approfittando dei sonnellini del bebè.

12 settimane. Gran parte delle donne comunica ai colleghi di essere in attesa quando diminuisce il rischio di aborto spontaneo. Circa l'80 per cento di questi si verifica proprio nelle prime dodici settimane.

20 settimane. Se siete restie a rivelare la gravidanza, sappiate che è in questa fase che comincerete a esibire un ventre che nessuna forma di creatività potrà camuffare. Non siete sicure che il vostro ambiente di lavoro sia attento alle necessità famigliari? Be', non c'è momento migliore di questo per scoprirlo.

Come affrontare e superare la giornata lavorativa

La gravidanza può essere un'esperienza splendida, con qualche effetto meno piacevole, come vene varicose, meteorismo, gambe gonfie, emorroidi, acne e caviglie elefantiache, oltre a una spossatezza incessante. Far crescere un nuovo essere umano esige un bel po' di energie e comporta profondi mutamenti fisici. La gravidanza non è una condizione che potete domare. C'è una sola cosa che potete fare: soccombere. Ma esistono alcuni trucchi per cavarsela.

Andate a letto almeno un'ora prima del consueto. Se siete abituate ad andare a dormire verso le dieci, non sorprendetevi se vi troverete a strisciare sotto le lenzuola alle otto. Cercate di schiacciare un sonnellino durante la giornata, perfino un quarto d'ora può avere effetti sorprendenti. Sgattaiolate nel parcheggio e sistematevi sul sedile posteriore dell'auto. O approfittate di una sala riunioni vuota... chiudete a chiave la porta e spegnete le luci.

Mangiate sano per ricaricarvi. Quando avete voglia di ingozzarvi di gelato, cercate di resistere. Gli alimenti sani come proteine, cereali integrali, frutta e verdura aumenteranno la vostra energia.

(dice il sondaggio)

A che punto della gravidanza eravate quando avete comunicato al vostro capo di essere incinte?

36%
Prima della 12ª settimana

55%
Fra la 13ª e la 20ª settimana

9%
Dopo la 21ª settimana

{da mamma a mamma}

«Non avevo mai immaginato che lavorare per una ditta piccola avrebbe comportato maggiori difficoltà durante e dopo la gravidanza: sono stata la prima a essere rimasta incinta! Per le future mamme, vale la pena cercare una società che abbia una politica valida e ben radicata riguardo ai congedi per maternità».

Mantenetevi idratate. Bevete acqua in abbondanza: attraverso il sangue trasporta sostanze nutritive al bambino. Una buona idratazione diminuisce le possibilità di doglie anticipate e aborto e può contribuire ad attenuare la nausea.

Fate attività fisica. Ritagliatevi delle pause per fare stretching e camminare, anche se solo per cinque minuti. Lo yoga prenatale o il nuoto sono ottime opzioni. Un'attività fisica moderata aiuta a tenere lontana la ritenzione idrica, accresce l'energia e fa dormire meglio. Inoltre, servirà a bilanciare gli effetti di tutto quel gelato.

Come attenuare la nausea

Per tenere a bada nausea e vomito evitate i pasti pesanti, privilegiando spuntini leggeri e frequenti. No ai cibi grassi, speziati, acidi o fritti. Lo stomaco ve ne sarà grato. Tenete a portata di mano alimenti che tollerate bene, magari mandorle o cracker. Sperimentate rimedi diversi, come i bracciali ad agopressione, i cosiddetti antinausea. Alle riunioni succhiate caramelle allo zenzero e bevete tè allo zenzero oppure ginger ale (con vero zenzero).

Forse scoprirete che il vostro olfatto gareggia con quello di un segugio (non proprio qualcosa di cui essere grate quando l'odore di un sandwich alla mortadella dal fondo dell'ufficio vi procura conati di vomito). Dato che gli alimenti caldi sprigionano aromi più intensi, preferite quelli freddi o a temperatura ambiente. E state alla larga dalle stanze mal ventilate e dai profumi troppo forti.

Vestirsi per avere successo

È probabile che la prima volta che entrerete in un negozio di abbigliamento premaman vi sembrerà di trovarvi su Marte, ma col tempo vi abituerete a individuare il reparto mutandoni della nonna anche bendate mentre mangiate una fetta di pizza vegetariana e mandate un SMS. Siete donne che lavorano, quindi desiderate mantenere un'immagine curata. Ecco come:

- Usate una panciera elastica per impedire che la protuberanza del vostro addome faccia capolino (e per tener su le mutande).

Come trattare per il congedo di maternità

La gravidanza e il parto sono abitualmente considerati come qualunque altra invalidità clinica e per essi valgono di conseguenza le normative relative alla malattia. Una volta partorito o adottato un bambino, scatta per la neomamma il congedo per maternità. Ecco alcune tattiche per cercare di ottimizzare o prolungare questo periodo.

- Domandare. Semplicemente. Un buon 30 per cento di donne che lavorano e che hanno partecipato al sondaggio di *Working Mother* afferma di aver contrattato un congedo più lungo di quello abitualmente previsto dalla ditta o società di cui sono dipendenti.

- Offrirsi di lavorare da casa per un certo lasso di tempo una volta scaduto il congedo.

- Chiedere se potete modificare l'orario lavorando inizialmente un minor numero di ore al giorno oppure solo una parte della settimana e tornare per gradi al tempo pieno.

Lunghezza del congedo per maternità

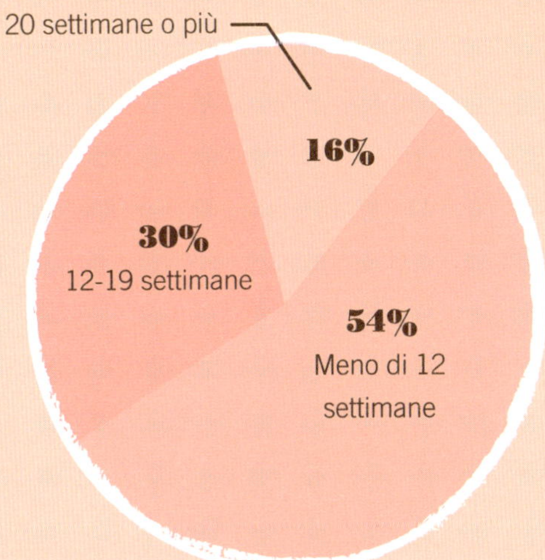

Lunghezza del congedo per maternità a retribuizione parziale

Per diminuire lo stress

La pianificazione può comportare tensione nelle settimane che precedono il congedo per la maternità. Potete però gestire questo periodo al meglio.

Adesso. Scoprite qual è il periodo retribuito previsto per il congedo. Se siete lavoratrici autonome, valutate quanto tempo potrete concedervi.

20ª **settimana.** Stilate una lista degli incarichi che dovete svolgere e stabilite le priorità in base a quello che è necessario facciate di persona.

25ª **settimana.** Parlate con il capo dell'organizzazione del lavoro durante la vostra assenza. Decidete se è sensato assumere qualcuno oppure se è preferibile distribuire le vostre mansioni fra i colleghi.

27ª **settimana.** Usate la lista dei vostri incarichi per consigliare il sostituto migliore. Concentratevi in primo luogo sulle priorità.

27ª **settimana.** Procuratevi un alleato in ufficio, preferibilmente un'altra madre, che possa aiutarvi prima e dopo il parto.

30ª **settimana.** Comunicate ai vostri contatti professionali la programmazione per quando sarete assenti e a chi dovranno rivolgersi.

31ª **settimana.** Cominciate a portare a casa qualunque oggetto personale che non volete lasciare in ufficio durante il congedo.

32ª **settimana.** Stabilite quale sarà l'ultimo giorno lavorativo e informate al più presto gli interessati. Lasciate ogni sera la scrivania in ordine... non si sa mai.

33ª **settimana.** Passate le consegne al sostituto e iniziate a delegargli le vostre mansioni, così da poter rispondere alle sue domande.

34ª **settimana.** Preparatevi a una festa aziendale in onore del nascituro: potrebbe verificarsi in qualunque momento! Scrivete i biglietti di ringraziamento appena potete, dopo il parto non ne avrete il tempo.

- Investite in qualche capo d'abbigliamento dai colori neutri, così da poter creare più abbinamenti.

- Comperate indumenti che vi stiano bene, non importa quale taglia portavate prima.

- Lanciatevi su abiti ampi e top in stile impero. Vi farà piacere poterli indossare anche dopo il parto. Inoltre, avere a disposizione taglie diverse vi aiuterà mentre ingrassate durante la gravidanza (e anche quando poi dimagrirete).

- Vai con gli accessori! Sciarpe colorate, collane, braccialetti in quantità vi daranno un tocco glamour e distoglieranno l'attenzione dal pancione.

- Esibire la pancia sul lavoro non va bene; la gravidanza non fa eccezione, poco importa quanto sia adorabile il pancione!

Gestione parentale

Diventare genitori comporta alcune misure di natura amministrativa. Non è divertente come scegliere i colori della cameretta ma – come succede con la dichiarazione dei redditi – dopo aver provveduto vi sentirete meglio.

Fate testamento. Nella sua forma più semplice, è un documento legale in cui si stabiliscono i tutori del bambino nel caso in cui dovesse succedere qualcosa a voi e al vostro compagno. Stendere un testamento rischia di sfociare in spinose discussioni: «Per nulla al mondo affideremo i bambini a tua sorella. Ha quel dobermann pazzo e casa sua puzza come una forma di formaggio!». Ricordatevi di parlare con i tutori prima di ufficializzare la scelta.

L'assicurazione sulla vita. Il vostro contratto forse comprende un'assicurazione sulla vita; tuttavia, quasi tutti i genitori preferiscono integrarla. Fate qualche ricerca e parlate con un consulente finanziario per stabilire la miglior copertura: la cifra di solito è pari a dieci anni della vostra retribuzione annuale.

{da mamma a mamma}

«Credevo che sarei rientrata nei vestiti pre-gravidanza subito dopo la nascita del bambino. Cavolo, come mi sbagliavo!».

A caccia di assistenza

Il genere di assistenza che sceglierete dipenderà da variabili come l'età del bambino, la preferenza per un'assistenza individuale o un contesto di gruppo e ancora i costi, gli orari e la comodità. Questa scelta sarà forse la vostra prima esperienza di istinto materno: prestate ascolto alle sensazioni, sono attendibili! A meno che non decidiate per un famigliare o un'amica che conoscete bene, verificate le referenze.
Utilizzate questo grafico per scoprire l'alternativa più adatta a voi.

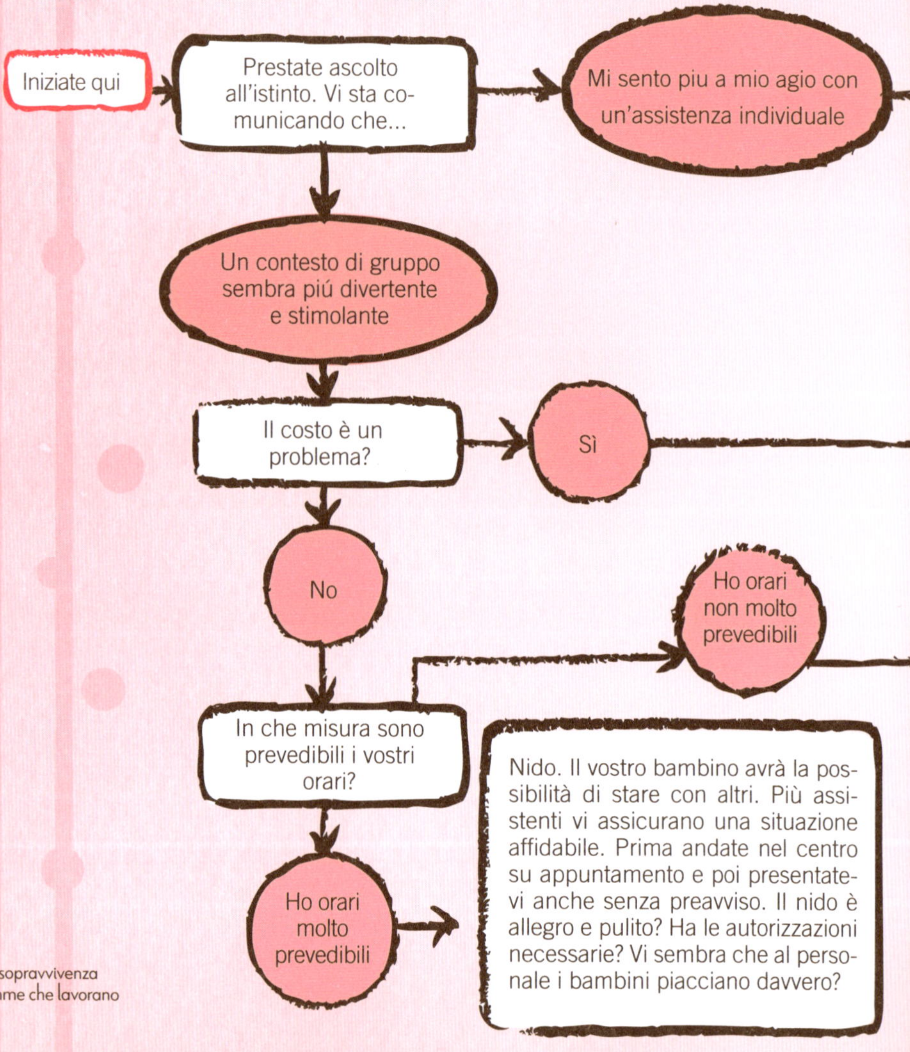

Il costo è un problema?

No

Una tata o una ragazza alla pari. Vostro figlio godrà di maggiore attenzione ma di una minore interazione sociale. Questa scelta vi garantirà orari flessibili senza tempi morti di spostamento, ma a un costo un po' elevato. Un controllo accurato sulla persona è essenziale.

Sì

Avete un famigliare disposto a prendersi cura del bambino?

Sì

Non abbiate dubbi. Vostro figlio svilupperà un legame privilegiato con un membro della famiglia di cui vi fidate. Dato che però non si tratta di un tradizionale rapporto datore di lavoro-collaboratore, far sì che il bambino venga educato secondo i vostri desideri potrebbe rivelarsi più difficile. Valutate le potenziali tensioni a fronte del risparmio.

No

Siete disposte a prendere in considerazione un contesto di gruppo molto ridotto?

Sì ma un contesto davvero piccolo

Condivisione di una tata. Se voi e una vicina avete bambini che hanno più o meno la stessa età, potete decidere di dividere il costo della persona che se ne prende cura. È indispensabile che abbiate stili di vita simili e buoni rapporti, poiché dovrete essere d'accordo per tutto ciò che riguarda i termini dell'assunzione e la gestione dei problemi.

Sì

Tagesmutter. Ci riferiamo alle operatrici che si occupano di un piccolo numero di bambini nella propria casa. Alcune situazioni sono meglio strutturate di altre. Verificate i requisiti legali e prendete in considerazione la possibilità di svolgere un controllo sulla persona scelta così come di consultare chi si è già avvalso della sua collaborazione.

Affari di tutti

Durante la gravidanza parenti, amiche e colleghe possono fornire aiuto e informazioni molto apprezzati. Tuttavia, siate anche pronte ad ascoltare ogni sorta di esternazioni non richieste, che siano o meno appropriate, pertinenti o utili. Ecco qualche esempio di quello che probabilmente sarete costrette a sorbirvi, sul luogo di lavoro come in coda nei negozi di articoli per bambini.

Racconti. Ce n'è uno per ogni nascita. E per ogni racconto, c'è una donna convinta che dobbiate ascoltarlo. Alcuni sono utili. Resoconti di cordoni ombelicali assassini o di neonati che dormono dieci minuti al giorno, invece, non lo sono affatto. In ufficio, proteggetevi evitando il contatto visivo e continuando a spostarvi. Delle cuffie saranno il segnale che vi si deve lasciare in pace. Se messe alle strette, tagliate corto con un «grazie per avermelo raccontato» e poi scusatevi dicendo che dovete andare in bagno.

Consigli. Madre, suocera e zie assortite non hanno dovuto lavorare mentre erano in dolce attesa o quando i figli erano piccoli, quindi perché voi lo fate? Ah, e poi fumavano e si facevano un paio di gin tonic tutti i pomeriggi alle quattro... ma da allora abbiamo fatto progressi. La gamma dei consigli può spaziare dal fantastico all'assurdo, quindi sono proprio questi i momenti in cui dovrete ricorrere al vostro filtro di neomamma. Accettate quelli che vi piacciono e dimenticate gli altri.

Domande. Sì, sì, si dice che ci vuole un villaggio per allevare un bambino, ma questo non significa che tutti i membri del villaggio – e in particolare il vostro capo e i colleghi – debbano sapere come la pensate sul parto naturale. Gettate un velo di vaghezza sulle curiosità inappropriate: «Vedremo quando sarà il momento». Sorridete e defilatevi.

Commenti. Se anche solo un'altra persona vi dice che avete tutta l'aria di aspettare due gemelli, potreste esplodere. Il guaio, con certi commenti indelicati, è che vi colgono di sorpresa. Per evitare di finire in lacrime nel bagno delle donne, tenete pronta qualche replica tagliente e poi raccontate tutto a una cara amica, per poterci ridere insieme.

I risparmi. Un piano di risparmio può ridurre lo stress e offrirvi protezione in caso di emergenze. È consigliabile mettere da parte un importo pari a sei mesi di spese; dovete essere sicure che il vostro fondo emergenze sia adeguato e che state ottimizzando i risparmi, anche in vista delle spese universitarie per i figli: ora vi sembra un momento lontanissimo, ma vedrete che il giorno dell'iscrizione arriverà in un lampo!

Combattere la paura

Siete sedute tranquille alla scrivania quando la vostra mente passa di colpo da immagini felici del vostro bambino a figurarsi vividamente tutto quello che potrebbe andare storto. Non attaccatevi a internet per esplorare queste inquietanti possibilità. Scegliete un paio di testi o siti web affidabili dove trovare risposte attendibili. Quei pensieri foschi sono normali nelle donne incinte. Ci siamo passate e abbiamo solo due parole da dirvi in proposito: lasciate perdere.

Accettate la mancanza di controllo. Va da sé, farete tutto quanto è in vostro potere per far sì che il bambino nasca sano e il parto si svolga senza problemi. Ma sappiate che non siete in grado di controllare il processo della nascita più di quanto sarete in grado di controllare il vostro avventuroso marmocchio.

Questi parapiglia mentali possono essere molto frustranti per le professioniste, proprio perché così lontani dall'ambiente di lavoro, dove le pratiche vengano evase con ordine, le riunioni si tengono a orari stabiliti e potete delegare alcuni compiti. Oh, e naturalmente sapete esattamente quello che state facendo perché lo avete già fatto un sacco di volte in precedenza. Se sentite arrivare la paranoia, tirate un respiro profondo e uscite a schiarirvi le idee prima di tornare al lavoro.

Tenete in considerazione le vostre emozioni. Se lo stress si ostina ad avere la meglio, riversate le paure in un diario. Anche informarsi può aiutare. Consultate il medico per i timori relativi alla vostra anamnesi famigliare, all'età o a qualsiasi cosa vi preoccupi.

dice il sondaggio

Qual era la vostra maggiore paura durante la gravidanza? Ecco le prime tre risposte:

63%
La salute del bambino

15%
Sarò una buona madre?

10%
Preoccupazioni finanziarie

Il ritorno al lavoro: conto alla rovescia

4 settimane. Predisponete ogni cosa per l'assistenza scelta per il bambino. Sapete già qual è il piano generale, quindi assicuratevi supporti alternativi e sostituti dei supporti alternativi.

3 settimane. Controllate il vostro guardaroba post-parto. Verificate se alcuni degli indumenti premaman sono ancora portabili (nulla di troppo largo o che vi faccia sentire sciatte) e se potete prendete in prestito qualcosa da un'amica o comprate qualche capo basic che vi aiuti a tirare avanti fino a quando non avrete sconfitto i chili di troppo. Accertatevi di avere un reggiseno della misura giusta. Fate scorta di coppette assorbilatte e investite in un secondo tiralatte per l'ufficio se contate di utilizzarlo anche lì.

2 settimane. Chiamate il vostro alleato in ufficio per un aggiornamento. In questo modo non vi sentirete tagliate fuori il giorno in cui tornerete al lavoro. Potete parlargli di persona se fate un salto in ufficio per una breve visita e per permettere a tutti di conoscere il bambino.

1 settimana. Effettuate un paio di test. Fate passare da casa la persona che si occuperà di vostro figlio, o portatelo al nido e lasciatevelo un paio d'ore mentre andate a prendere un caffè o sbrigate qualche commissione. In questo modo, vi concederete un po' di tempo lontano da lui, comincerete ad abituarvi ai cambiamenti tipici di una neomamma (come per esempio tutto il tempo che impiegate per decidervi ad andarvene) e in più avrete l'opportunità di esaminare eventuali richieste con l'incaricata. Sentitevi libere di tornare senza aver indicato un'ora precisa, tanto per vedere come vanno le cose.

Se il disagio persiste, discutete con lui degli strumenti per eliminare l'ansia prenatale o la depressione. Ricordate che la maggioranza delle gravidanze si svolge senza problemi.

Dopo la nascita: il congedo di maternità

Se avete pensato al congedo come a un periodo sabbatico, una pausa per coltivare l'orto, riorganizzare lo studio o prendere lezioni di francese, ebbene, preparatevi a una delusione. Sì, i neonati dormono da sedici a venti ore al giorno. Il guaio è: non dormono così tante ore di fila. Si aspettano di essere nutriti, aiutati a fare il ruttino, cambiati, coperti e cullati continuamente, il che vi lascerà appena l'energia sufficiente per un sonnellino. Dite *au revoir* alle lezioni di francese; sarete fortunate se riuscirete nell'arduo compito di arrotolare il fondo del tubetto di dentifricio.

L'isolamento

A parte l'essere sempre in servizio e il sentirsi sopraffatte, anche l'isolamento può costituire un problema, soprattutto se siete abituate a trascorrere la giornata in un ufficio pieno di attività. Secondo il nostro sondaggio, il 28 per cento delle mamme lavoratrici ha provato una sensazione di isolamento e il 37 per cento non ha ricevuto un sostegno adeguato durante il congedo. Ecco alcune strategie per sopravvivere nell'isola deserta della maternità.

Stabilite contatti con altre neomamme. Unitevi a un gruppo di neomamme, per avere una rete di donne che condividono le vostre esperienze. Confrontarvi, magari con e-mail piene di considerazioni sul colore della popò, vi aiuterà a sentirvi meno sole.

Uscite. Cominciate la giornata sistemando vostro figlio nel passeggino o nel porte-enfant e andando a fare una passeggiata. L'esposizione al sole contribuirà a insegnargli la differenza fra il giorno e la notte e l'attività fisica e l'aria fresca vi rinvigoriranno.

Tenetevi aggiornate. Anche se forse non vi interessa cosa succede nel mondo, ogni tanto date un'occhiata alle notizie. Vi sentirete meno cavernicole, soprattutto quando tornerete a lavorare.

(dice il sondaggio)

Qual è la stata la sorpresa maggiore dopo la nascita di vostro figlio?

46%
La mia totale spossatezza

32%
La mia totale gioia

23%
Le necessità continue del bambino

dice il sondaggio

Con quale frequenza vi siete messe in contatto con l'ufficio mentre eravate in maternità?

47%
Un paio di volte

26%
Una volta o due alla settimana

22%
Mai

5%
Quotidianamente

Se anelate in modo spasmodico all'ufficio

Controllare in modo ossessivo le e-mail di lavoro, precipitare nel panico quando il BlackBerry non ha campo e telefonare ai colleghi per chiedere che cosa vi state perdendo non è la formula giusta per un tranquillo congedo di maternità. I seguenti passi vi aiuteranno a concentrarvi sulla gravidanza piuttosto che sulle riunioni mancate.

- Dopo il parto, chiedete a un famigliare di contattare il vostro alleato in ufficio perché annunci l'arrivo del piccolo.
- Domandate al vostro alleato di chiamarvi solo per novità importanti. Il che non comprende voci su relazioni fra colleghi o il nuovo menu della mensa.
- Se i sintomi da astinenza sono gravi, non telefonate in ufficio e non andateci: guardate invece qualche episodio di *The Office* e capirete che non vi state perdendo proprio niente.

Voglio davvero tornare al lavoro?

Mentre pianificavate il periodo di congedo, eravate sicure che sareste tornate a lavorare. Ora però esitate. In base al nostro sondaggio, due mamme lavoratrici su cinque affermano di essersi trovate di fronte a un dilemma. Se siete tra le fortunate con risorse finanziarie sufficienti a consentirvi di lasciare per qualche tempo il mondo del lavoro, dovete riflettere su vari punti.

Posso permettermi un periodo senza lavoro? Fate i conti. Quali sono i costi per l'assistenza al bambino, i tragitti, i pranzi e le altre spese legate al lavoro? Cosa cambierà nel budget famigliare?

Che ripercussioni avrà sulla mia carriera? Parlatene con altre madri che ci sono già passate. Quanto il periodo di pausa influirà sull'avanzamento? E sui guadagni? Se sono gli aspetti finanziari a preoccuparvi, il libro *The Feminine Mistake: Are We Giving Up Too Much?* di Leslie Bennetts esamina i risvolti economici che comporta la rinuncia al lavoro.

Quanto è flessibile il mio datore di lavoro? Se non vi sentite pronte a tornare, chiedete al datore di lavoro di prolungare il congedo. Tre mesi con il bambino possono non essere sufficienti, ma sei forse sì. O magari siete pronte, ma vi serve un periodo di transizione o un cambiamento di orari. È possibile facilitare il rientro lavorando part time o da casa alcuni giorni della settimana?

Cosa è giusto per la mia famiglia? Sarà la vostra la decisione, che torniate al lavoro precedente o scegliate un'attività che meglio si adatti alla nuova famiglia – diventare freelance o avviare un'attività vostra – quella giusta per voi. Ricordate l'istinto materno di cui abbiamo parlato? Cosa vi sta dicendo? Dategli ascolto.

Ora godetevela

C'è un detto sull'essere genitori: le giornate sono lunghe e gli anni brevi. Diventare mamma può essere logorante, ma è un momento prezioso. Il vostro bambino non finirà mai di stupirvi: il modo in cui vi guarda, la prima volta che fa un sorriso, il momento in cui cercate di cambiargli il pannolino solo per scoprire che ormai è troppo stretto (ma ieri sera non gli andava alla perfezione?!). Anche il partner vi stupirà. È un piacere dolce osservarlo con il neonato, rendervi conto di quante volte parlate della sua cacca e che vi telefonate almeno tre volte al giorno per aggiornarvi su di lui.

Il tempo libero è un dono. È l'occasione per concentrarvi su come essere una famiglia e anche il momento per il vostro vecchio io di fare amicizia con il nuovo. Finora, chissà in che misura la vostra identità è stata legata alla carriera. Ora c'è qualcosa di nuovo ed enorme nel vostro profilo professionale: siete una mamma.

Non vogliamo dire che sul lavoro *nulla* cambierà. Ci sono forti probabilità che le cose cambino, probabilmente perché sarete voi a volerlo. Forse le priorità si modificheranno un po', e va benissimo. Forse avrete bisogno di provare e sbagliare, per riuscire a capire come diventare la mamma lavoratrice che volete essere. E anche questo va benissimo.

{ da mamma a mamma }

«Tornare a lavorare è stato più facile di quanto prevedessi. Da quando sono mamma, sono diventata una collaboratrice più efficiente. Perché so di avere un tempo determinato per sbrigare tutto prima di dover andare a prendere mio figlio al nido. Sono più concentrata, meglio organizzata e più produttiva».

2

Si torna al lavoro

È ora di tornare al lavoro. Vi sentite in colpa, euforiche, incerte? L'esatto contrario di come pensate che dovreste sentirvi? Tirate un respiro profondo e ricordate che più della metà delle neomamme torna a lavorare quando i figli hanno meno di un anno, e molte lo fanno tormentate da emozioni conflittuali.

Difficile concentrarsi sui rendiconti profitti-perdite quando il vostro piccolo miracolo è a casa? Perfino quelle che tornano a sprofondare con gioia nella professione, aspettando con ansia le pause pranzo, qualche stimolo intellettuale e un po' di conversazione adulta, rischiano comunque di sperimentare momenti poco illuminati di dubbio e frustrazione. La buona notizia è che, a dispetto degli inevitabili alti e bassi, col tempo tutto diventerà più facile. Provate queste strategie per aiutarvi a superare le prime settimane.

- Accettate il fatto che potreste "fingere" di farcela per un po'. Tenete pronta una succinta risposta positiva al «Come stai?» che sia sulla falsariga del «È bello essere tornata».

- Concedetevi una pausa. Aspettate almeno un mese prima di tornare competitive e non siate troppo critiche con voi stesse. Chiamate il partner o un'amica se vi serve un po' di sostegno.

- Ricordate che state facendo quello che è meglio per voi e la vostra famiglia e che state contribuendo a dare a vostro figlio la miglior vita possibile.

- Pensate all'esempio che state dando: siete donne finanziariamente indipendenti con una carriera e delle aspirazioni.

- Fate tesoro della stupefacente sensazione che proverete quando, a fine giornata, rivedrete il vostro bambino.

Gestire l'ansia da separazione... la vostra

Nonostante quello che si dice sull'ansia da separazione del bambino, con ogni probabilità la faccia rossa e lacrimosa e le braccia tese saranno le vostre. Nel sondaggio di *Working Mother*, il 67 per cento delle mamme lavoratrici ha sperimentato ansia da separazione al momento di riprendere a lavorare. Il bambino starà benissimo, ma a voi potrebbe essere necessario un po' di tempo per adattarvi. Una volta sicure che lui è felice e cresce bene, anche le vostre emozioni si stabilizzeranno. Ecco dei suggerimenti per lenire l'ansietà:

- Tenete una sua foto sulla scrivania e chiedete a chi si occupa di lui di scattarne e spedirvene altre di tanto in tanto.

- Ricordate che di solito i bambini non hanno problemi a trascorrere la giornata con altre persone, a condizione di venire nutriti, cambiati e trattati con amore. Non significa che perderete il vostro ruolo, ma che ci saranno più persone nella sua vita ad amarlo e a prendersene cura.

- Sappiatelo: non esistono prove scientifiche che i bambini soffrano quando la madre lavora fuori casa. L'American Academy of Pediatrics riferisce che un bambino ben equilibrato, amato e accudito nel modo giusto crescerà felice a prescindere dal fatto che la madre lavori o no.

Quando le cose non migliorano

La depressione post partum può subentrare durante il primo anno di vita del bambino; ne soffre una neomamma su cinque. Diagnosticarla è difficile perché i sintomi, come gli sbalzi d'umore e l'affaticamento, sono conseguenze comuni del parto. Se provate momenti di tristezza e senso di colpa eccessivi, mutamenti nell'appetito, insonnia, ansia, irritabilità o se semplicemente non vi sentite a posto, interpellate il vostro medico. È importante per voi (e per vostro figlio) che riceviate l'aiuto necessario.

{da mamma a mamma}

«Quando ero più giovane, mi causava molta tensione mandare i miei tre bambini al nido mentre io lavoravo come ingegnere. Ora posso dire che tutti i miei ragazzi frequentano il college e tutti hanno la testa sulle spalle».

dice il sondaggio

Al momento del rientro al lavoro, il 38 per cento delle neomamme non allattava più. Tra quelle che ancora lo facevano, hanno continuato:

9%
2-3 settimane

6%
4-7 settimane

5%
8-11 settimane

4%
12-19 settimane

5%
20-23 settimane

19%
da 6 mesi a meno di 1 anno

13%
da 1 a meno di 2 anni

2%
2 anni o più

Tenere d'occhio il piccolo

Che il bambino frequenti un nido o abbia una tata tutta per sé, è ovvio che vogliate sapere che cosa fa mentre siete al lavoro. Spiegate a chi se ne occupa quando è opportuno che vi chiami, per esempio se il piccolo non sta bene, piange in modo incontrollabile o si fa male. Potete fissare uno o due appuntamenti telefonici per verificare la situazione, ma evitate di chiamare ogni ora.

Non chiedete alla persona incaricata di collegarsi in videochat con voi o di raccontarvi i dettagli di ogni azione di vostro figlio. La sua priorità deve essere concentrarsi su di lui. Chiedetele invece di prendere nota attentamente di cose come il numero dei pannolini cambiati e dei pasti e la frequenza e la durata dei sonnellini. Se possibile, trovate un po' di tempo per valutare insieme gli avvenimenti della giornata.

Un altro no assoluto: la sorveglianza. Una telecamera nascosta nella cameretta? Se provate l'impulso di ricorrere alla tecnologia per controllare la persona a cui avete affidato vostro figlio, ripensateci. La vostra tranquillità dipenderà dalla fiducia che avete in lei. Se non siete persuase, trovate qualcun altro.

L'intuito materno può assumere contorni vaghi e forse non lo riconoscerete la prima volta che vi batterà sulla spalla. Se qualcosa che riguarda il bambino vi preoccupa o vi mette a disagio parlatene con il vostro partner, con il pediatra o con un'amica a sua volta mamma. Una volta sintonizzate con le vostre sensazioni viscerali, resterete stupite nel constatare quante cose possano rivelarvi.

Colpevoli?

Probabilmente scoprirete in voi un nuovo livello di senso di colpa. Due terzi delle madri lavoratrici che hanno partecipato al nostro sondaggio sostengono di essersi sentite in colpa perché erano lontane dal figlio durante l'orario lavorativo. Come mamme, avete infinite motivazioni per sentirvi in colpa, dal non preparare con le vostre mani i suoi pasti con ingredienti bio, al desiderare in segreto la solitudine della vostra postazione di lavoro.

È il momento di cercare aiuto

Se siete delle mamme che lavorano, la necessità di trovare qualcuno che si occupi di vostro figlio è imprescindibile. La scelta, in ogni caso, spetta esclusivamente a voi. Siete curiose di sapere cosa fanno le altre mamme? Ecco cosa ci hanno detto quelle che hanno partecipato al nostro sondaggio:

In media, per quante ore alla settimana usufruite di assistenza esterna per il vostro bambino?

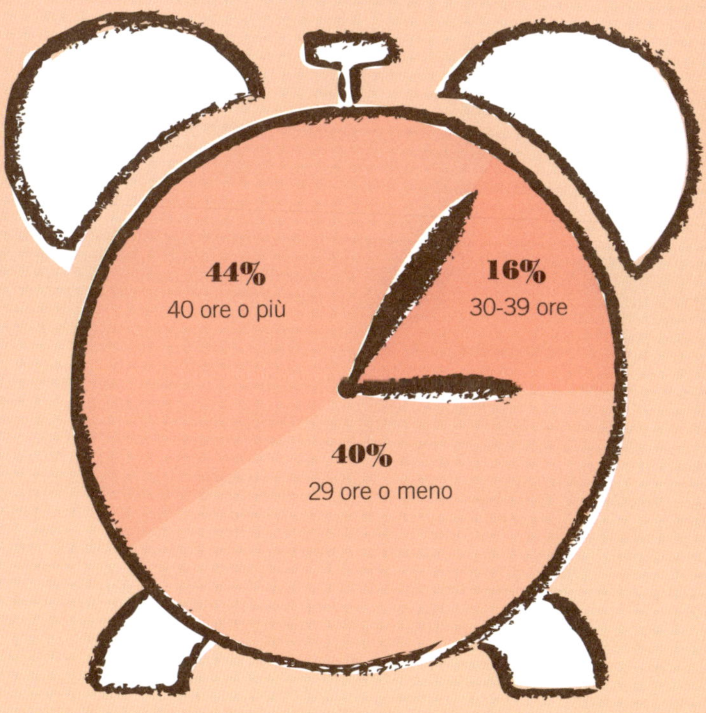

Di quale genere di assistenza usufruite?

45%
Nido a tempo pieno

27%
Genitore o famigliare

19% Tata part time, collaboratrice domestica o babysitter occasionale

17%
Tata a tempo pieno

14,5%
Nido part time

Il tiralatte: i trucchi delle mamme

Le madri lavoratrici hanno spesso un nuovo compagno: il tiralatte. Abbiamo chiesto alle veterane di fornirci le dritte più efficaci. Da «bere un sacco d'acqua» a «tenerlo sempre con sé», ecco i consigli dalla trincea.

Quello di cui avete bisogno

«Non risparmiate per l'acquisto di un tiralatte. Comprate il migliore».

«Siate pazienti e determinate. Ve la caverete benissimo».

«Tenetene uno a casa e uno al lavoro. In questo modo eviterete di trascinarvi in giro l'unico che avete e non precipiterete nel panico quando lo dimenticherete a causa della confusione mentale da neomamma».

«Al lavoro, tenete un ricambio delle parti del tiralatte che vanno lavate. Così, quando siete di fretta, le avrete pronte per la seduta successiva».

«Scegliete un tiralatte che lasci libere le mani. Vi sembrerà sciocco, ma solo finché non capirete che potete usarlo mentre aggiornate il registro delle spese. Geniale».

«Tenete in ufficio un reggiseno di scorta, una camicetta e delle coppette assorbilatte, nell'eventualità di perdite impreviste».

Preparassi a tirare il latte

Fate pratica con il tiralatte che avete scelto mentre siete ancora in maternità. Se allattate un bimbo di meno di 1 anno il datore di lavoro è tenuto a concedervi due permessi di riposo

Prima della nascita

Comprate un tiralatte o due più le parti di ricambio (vedi sopra). Valutate la possibilità di acquistare un modello che lasci libere le mani. Aprite la confezione ed esaminate e lavate i vari componenti. Leggete con attenzione le istruzioni.

2 settimane dopo la nascita

Tirate il latte una volta al giorno, preferibilmente al mattino, quando ne producete di più, e cercate di coinvolgere anche il partner nella fase dell'allattamento. Se necessario, provate biberon e tettarelle diversi.

Il bambino ha 1 mese

Opzionale: tirate il latte alcune volte al giorno e congelatelo per averne una scorta in previsione del ritorno al lavoro. Datate i sacchetti in cui lo conserverete prima di surgelarlo e poi utilizzate per primi i sacchetti più vecchi.

Suggerimenti utili

«Concordate con un buon anticipo una soluzione alternativa nel caso in cui la vostra società non preveda un locale per l'allattamento e non abbiate un ufficio tutto per voi».

«Siate determinate. Proteggete con grande fermezza il tempo dedicato al tiralatte facendone un punto fermo del vostro programma giornaliero».

«Usate il tiralatte appena arrivate al lavoro. Al mattino il latte è più abbondante e non dovrete farlo più tardi, nel bel mezzo della baraonda».

«Poco importa quanto piena sia la vostra giornata, non lasciatevi divorare. Rischiereste di sviluppare una mastite».

«Tenere le foto del vostro bambino nella borsa del tiralatte aiuta a stimolare la montata lattea. Oppure potreste anche guardare un suo video sul cellulare».

«Considerate la possibilità di imparare a estrarre il latte a mano. In caso di estrema emergenza, potete farlo in bagno per alleviare la tensione fino a quando non avrete l'opportunità di usare il tiralatte».

«Ci saranno degli incidenti. Rideteci su».

«Rilassatevi. Lo stress rende tutto ancora più difficile».

di 1 ora (anche cumulabili), se lavorate 8 ore; un solo permesso se le ore sono meno di 6. Ne avete diritto anche se non allattate al seno.

Prima di rientrare al lavoro

Rivedete la procedura di conservazione del latte materno, dello scongelamento e dell'allattamento vero e proprio con la persona che si prenderà cura di vostro figlio. Chiedetele di annotare i grammi effettivamente somministrati.

Siete di nuovo al lavoro

Prendete nota dei grammi di latte che tirate ogni giorno. Tenetevi in linea con la quantità che il bambino ingerisce, ma non allarmatevi se dovrete integrarlo con latte artificiale. In ogni caso il latte materno gli farà bene.

In qualunque momento

Il vostro corpo è in grado di adattarsi a un diverso programma di allattamento o tiraggio del latte. Riducete gradualmente i tiraggi ma conservate un programma di base, per esempio allattare il piccolo prima e dopo il lavoro.

Il lato positivo della medaglia

Nessuna giornata è facile nella vita di una mamma che lavora, ma ecco come imparare a vedere il lato migliore di alcune situazioni sgradevoli:

Quando non entri in nessuno dei vestiti che usi al lavoro... neppure in quelli riservati ai giorni della sindrome premestruale.

Dì a te stessa che alla fine ci entrerai di nuovo, ma che per il momento una ragazza deve pur mettersi addosso qualcosa. Ora di andare a far spese!

Quando le perdite di latte ti lasciano due vistosi cerchi sulla camicetta dopo una conference call andata male.

Dì a te stessa che la prossima sessione di tiraggio del latte segnerà un nuovo record! Complimenti!

Quando non sarai lì martedì, proprio quando tuo figlio mangia per la prima volta il purè di piselli.

Dì a te stessa che ci sarai sabato mattina, per fargli assaggiare per la prima volta il purè di zucca. Gnam!

Quando il cronico senso di colpa materno ti convince che il tuo tesoro avrà bisogno di andare in terapia prima di aver compiuto tre anni.

Dì a te stessa che il tuo tesoro avrà una marcia in più rispetto ai coetanei, dato che con ogni probabilità loro non incontreranno il loro psicologo prima dei venti.

Quando la tua nuova insofferenza per le prepotenze ti fa alzare gli occhi al cielo davanti al tuo capo e chiudere il telefono in faccia ai clienti.

Dì a te stessa che almeno ora tutti sanno esattamente come ti senti.

Quando hai passato un'altra notte in bianco e ti appisoli durante la riunione settimanale sul budget.

Dì a te stessa che tutti meritano almeno dieci minuti di pura beatitudine.

Quando dopo una giornata di lavoro sei troppo stanca per il sesso.

Dì a te stessa che almeno hai la possibilità di recuperare il sonno perduto.

Quando siete a casa penserete al lavoro e viceversa, il che accrescerà il senso di colpa. Ma la colpa risucchia energie emotive che potrebbero essere impiegate in altri modi. Per placare la coscienza:

Chiedetevi: «Perché?». Sforzatevi di capire cosa scatena il senso di colpa. Il timore di non essere all'altezza? O il pensiero che non sapete cosa è meglio per vostro figlio? Quando subentrano questi pensieri, potrebbe esservi di aiuto un mantra del genere: «Sono la madre migliore per il *mio* bambino». All'inizio potrà sembrarvi banale o falso, ma presto si trasformerà in una certezza.

Restate salde nelle vostre posizioni. Se qualcuno cerca di farvi sentire in colpa, non lasciatevi influenzare. Se vostra madre pensa che dovreste preparare tutti i giorni la cena alle sei – sì, proprio come faceva lei – riconoscete che erano cene fantastiche e ricordatele che la vostra vita è diversa e che alla vostra famiglia sta bene così.

Perdonatevi. Potreste sentirvi a disagio per qualcosa che avreste dovuto fare e non avete fatto, come leggere una favola al bambino, o per qualcosa che non avreste dovuto fare e avete fatto, come sbraitare contro il partner. Accettate di non essere perfette, scusatevi quando è il caso e sforzatevi di fare meglio la volta successiva.

Non cascateci. Il senso di colpa si insinua anche attraverso le difese più solide. Esserne consapevoli può aiutarvi a non lasciarvi sopraffare. Ricorrete ai metodi per rilassarvi che più amate: un corso di yoga su Internet, il lavoro a maglia, la preghiera, il canto. Se i sensi di colpa vi rendono depresse o ansiose, oppure vi spingono a mangiare o bere troppo, parlatene con il medico.

Di nuovo sul giusto binario

Come diceva la nonna, gran parte della vita consiste nell'affrontarne e superarne gli aspetti più difficili. Anche se lei non veniva stressata dal capo perchè tornasse al lavoro prima e allattava seguendo l'istinto, di sicuro era una donna saggia. Rientrare in ufficio può essere duro, ma una navigazione più tranquilla si profila già all'orizzonte… appena i figli avranno terminato l'università.

{da mamma a mamma}

«Non sentitevi in colpa se aiutate economicamente voi e la vostra famiglia lavorando o portando avanti una carriera. State creando un esempio di incalcolabile valore per i vostri figli».

3

Sopravvivere al lavoro

Provate a immaginare: l'intervento al ginocchio di vostro marito coincide con la vostra importantissima presentazione per l'ufficio vendite. Ed entrambi gli eventi cadono il giorno in cui il piccolo ha un grave attacco di ansia da separazione e a voi è venuto il ciclo in anticipo. Il peggior scenario possibile, oppure solo un'altra giornata della vita di una mamma che lavora?

Benché sia impossibile prevedere tutti i problemi che dovrete affrontare, ce ne sono alcuni che hanno grandi probabilità di verificarsi. Sapersi muovere con intelligenza e cautela fra queste mine è ciò che distingue le donne che lavorano dalle ragazze che lavorano. Avete quello che vi serve per sopravvivere e prosperare come mamme con un lavoro a tempo pieno? Certo che sì! Ecco come.

Come gestire una riunione fissata all'ultimo minuto

Il capo indice una riunione urgente alle cinque e mezzo del pomeriggio, proprio l'ora in cui dovreste tornare a casa e lasciare libera la babysitter. Non ci tenete a farvi vedere con l'occhio fisso sull'orologio né a perdere riunioni cruciali, quindi cercate di prepararvi come meglio potete agli impegni non previsti. Ricordate, è una strada a due sensi: è indispensabile lasciare il lavoro all'ultimo minuto quando vostro figlio ha un attacco di febbre, quindi è sensato che vi fermiate fino a tardi quando il capo ve lo chiede.

Agite preventivamente discutendo di queste eventualità con il capo, il partner e la persona o la struttura che accudisce il vostro bambino. Decidete con il partner il da farsi nel caso in cui chi deve andare a prendere il bambino sia impossibilitato a farlo e quando è impossibile per entrambi i genitori. Cercate di restare in contatto durante la giornata – bisogna considerare la possibilità che uno dei due resti incastrato all'ultimo momento. Se avete una tata, parlatele fin da subito dei provvedimenti da adottare nell'eventualità che siate in ritardo. Ha la possibilità di fermarsi più a lungo in cambio di un pagamento extra? Oppure può portare il bambino da una vicina in attesa del vostro ritorno? Per essere corretti con la tata, se i ritardi sono frequenti cercate di modificare gli orari. Se vostro figlio frequenta un nido, informatevi sulla prassi in caso di ritardi. Valutate anche l'opportunità di un piano di riserva che preveda l'intervento dei genitori di un altro bambino in caso di imprevisti.

Non avete ancora risolto? Chiamate in aiuto la Squadra di Supporto. Tutte le madri che lavorano devono poter contare su altre persone nell'eventualità di una crisi. La vostra squadra può comprendere amiche, vicine, madri casalinghe e altre mamme lavoratrici. Ricambiate prendendo l'iniziativa e offrendovi di dare una mano ogni volta che potete, non solo quando c'è una crisi.

Se proprio non riuscite a trovare un supporto, dovete decidere se è indispensabile partecipare alla riunione. Forse qualcuno potrebbe prendere appunti e poi aggiornarvi? La riunione non può diventare la prima voce in agenda per l'indomani? Potete partecipare telefonicamente da casa? Non abbiate timore di chiedere se c'è un modo per esserci senza trascurare le responsabilità di madre.

Come restare sveglie durante una riunione

Le mamme che lavorano non dormono abbastanza e quelle che hanno un bambino ammalato spesso non dormono affatto. Restare sveglie in ufficio sarà un puro atto di volontà, soprattutto durante le interminabili riunioni. Ecco un po' di suggerimenti per rimanere deste.

Preparatevi. Dieci minuti prima del meeting bevete un bicchiere d'acqua, buttate giù una manciata di noci o nocciole e stiratevi ben bene. Anche un po' di caffeina può essere d'aiuto.

{ da mamma a mamma }

«Il mio suggerimento numero uno per altre mamme che lavorano è di non aver paura di chiedere aiuto: al lavoro e a casa, a colleghi, amici e famigliari».

Non accasciatevi. Sedete erette, con le spalle dritte e i piedi posati sul pavimento. In una posizione scomoda sarà più improbabile che vi appisoliate.

Tenete attiva la circolazione sanguigna. Sollevate le gambe sotto il tavolo. Usate una pallina per far lavorare le mani. Insomma, fate funzionare il corpo ma senza esagerare. Correre sul posto servirebbe solo a indurre gli altri annoiatissimi partecipanti a concentrarsi su di voi invece che sull'oratore.

Bevete. Portate con voi un grande bicchiere d'acqua e bevete (è anche un'ottima scusa per frequenti incursioni in bagno).

Pizzicatevi. Se vi accorgete che vi state addormentando tiratevi i capelli o datevi dei pizzicotti. Il dolore vi sveglierà.

Come schivare un appuntamento con un cliente

A volte può succedere di avere incontri o riunioni in orari post-lavorativi. Dato che di solito vengono fissati nei momenti peggiori per voi, preparatevi a scansare quelli meno importanti.

Se conoscete bene il cliente, dite semplicemente che dovete andare a casa e proponetegli di incontrarlo a colazione il giorno dopo. «Mi dispiace tanto, ho un problema famigliare» è una scusa perfettamente accettabile. Non dilungatevi sui particolari del vostro matrimonio, la salute di vostro figlio o la vita privata della tata.

Prima o poi comunque capiterà la richiesta dell'ultimo minuto che non potrete rifiutare. Se non c'è spazio per la flessibilità, vedete se un collega può unirsi a voi e andatevene in anticipo. Se siete proprio nei guai e il vostro partner è impossibilitato a occuparsi dei bambini, rivolgetevi subito alla vostra rete di supporto.

Tenete razioni alimentari a portata di mano

Lo confessiamo: ci è successo di razziare il cesto di Halloween dei nostri figli a colazione, di ingollare resti di pizza per tre giorni di fila e di resistere per giornate intere senza un bicchiere d'acqua.

Cinque modi per defilarsi da una riunione

Tutte abbiamo vissuto l'esperienza di dover partecipare a talmente tante riunioni da non poter sbrigare il nostro vero lavoro. A volte, bigiare gli incontri di gruppo è indispensabile per mantenere la salute mentale. Ecco come fare:

1 **Delegate.** Chiedete a un collega di prendere appunti durante la parte della riunione in cui mancherete. Il passo successivo sarà informare il capo o il cliente che siete perfettamente aggiornate sulla situazione.

2 **Pianificate la fuga.** Prima dell'inizio della riunione, comunicate ai partecipanti che sfortunatamente sarete costrette ad andarvene presto. Non c'è bisogno di altre spiegazioni, dato che lo fate per potervi occupare del vostro vero lavoro.

3 **Fate sentire la vostra presenza.** Fate un commento intelligente o significativo all'inizio della riunione, così che gli altri ricordino che, in effetti, c'eravate.

4 **Scegliete una posizione strategica.** Esaminate la stanza e prendete posto in un punto da cui potrete sgattaiolare fuori con nonchalance e quanto più discretamente possibile (occhio alle sedie che cigolano).

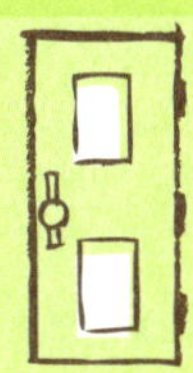

5 **Evitate le scuse.** Tenete pronta una risposta concisa e non impegnativa nel caso in cui qualcuno vi chieda perché siete andate via prima, come per esempio: «Avevo una scadenza da rispettare». Nessun bisogno di entrare nei particolari.

Dieci passi per ottenere quello che volete

Nel sondaggio condotto da *Working Mother*, il 64 per cento delle madri lavoratrici ha dichiarato di aver saputo trattare in modo efficiente sul posto di lavoro per ottenere qualcosa. Che aspiriate a un orario flessibile o a un aumento, c'è un'arte anche nella trattativa.

1 **Preparatevi.** Informatevi, in modo da sapere come si sono svolte le cose in situazioni analoghe alla vostra. Parlate con altre mamme che lavorano e che hanno ottenuto quello che volevano, e scoprite come ci sono riuscite.È probabile che siano donne dotate di una forte motivazione e altamente affidabili... proprio come voi!

2 **Lasciate che siano loro a parlare per primi.** Se possibile, soprattutto per le trattative sullo stipendio, fate parlare prima l'altra parte. Avvocati e mediatori sostengono che se lo fate voi, di norma è uno svantaggio perché rischiate di chiedere troppo poco.

3 **Mettete tutto per iscritto.** Se ambite a un orario flessibile, mettete su carta il modo in cui questo aumenterà la vostra produttività e precisate che manterrete il capo informato dei progressi con una breve e-mail giornaliera. Una proposta scritta che illustri quando gli altri possono aspettarsi di vedere completato un progetto o un incarico servirà a chiarire i parametri e a sollevare un peso dalle spalle del datore di lavoro.

4 **Siate sicure.** Che le donne siano negoziatrici più deboli e inefficienti degli uomini è un mito. Nondimeno, sembra che difettino in sicurezza di sé più degli uomini. Nessuno può leggervi nella mente: quello che volete, dovete chiederlo. Siate chiare e dirette e guardate gli interlocutori negli occhi.

5 **Preparatevi sulle cifre.** Fate in modo di anticipare quello che la controparte vuole. Se chiedete un aumento, dimostrate flessibilità sull'importo, così da lasciare spazio alle trattative. Siate realistiche, una richiesta esagerata potrebbe minare la vostra credibilità.

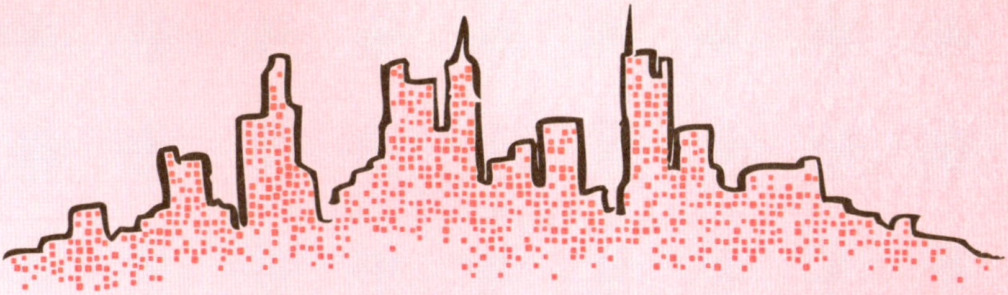

6 **Sottolineate i benefici.** A prescindere dalla natura di quello che chiedete, concentratevi su quello che loro hanno da guadagnarne. Per esempio, tramite il telelavoro la società può ridurre le spese generali e consentirvi di comunicare più facilmente con clienti che operano in aree con fusi orari diversi.

7 **Ascoltate!** Più riuscirete a indurre l'altro ad aprirsi, più è probabile che troviate insieme una soluzione creativa. Non c'è bisogno di decidere su due piedi. Se arrivate a un punto morto, aggiornate la discussione a un altro momento. Ricordatevi di prendere nota degli aspetti che avete affrontato, così da poter riprendere da dove vi siete interrotti.

8 **Entrate in sintonia e siate calme.** Trovate un terreno comune e fate attenzione al vostro comportamento.È possibile essere cortesi e affabili anche restando fermi sulle proprie richieste. Se risultate simpatiche, gli altri saranno più disposti a venirvi incontro.

9 **Proponete una prova.** Suggerite un periodo di prova, come per esempio lavorare da casa un giorno alla settimana, e al termine il vostro superiore potrà valutare se la soluzione funziona. Un datore di lavoro consapevole di avere un'alternativa sarà più rilassato e meno restio a dare all'esperimento una possibilità.

10 **Tenete pronto un piano B.** Se non riuscite a ottenere l'orario flessibile, chiedete più giorni di ferie oppure di uscire prima il venerdì. Trattare consiste fondamentalmente nel dare all'altro l'illusione di avere il controllo, esattamente come fate con il vostro bambino: «Cosa preferisci: piselli o carote? Decidi tu».

Se lo avessi saputo prima...

Nel nostro sondaggio, le mamme che lavorano hanno elencato consigli che avrebbero desiderato ascoltare molto prima di diventare madri. Ecco i loro suggerimenti da mamma a mamma:

- «Concedetevi più tempo per voi stesse».
- «Se la mamma non è felice, non lo è nessuno. Cercate quindi di capire cosa vi serve per essere felici».
- «Accettate quello che è accettabile».
- «Createvi una rete di supporto».
- «Rendetevi conto che non potete fare tutto».
- «Dite ai vostri figli che li amate e abbracciateli tutte le volte che potete».
- «Fate attenzione a non sovraccaricarvi di impegni».
- «Concentratevi. Farete tutto più rapidamente».
- «Lasciate il lavoro nel posto di lavoro».

Un'arma segreta per superare i momenti difficili? Ecco le migliori.

52% Un partner collaborativo

47% Riduzione delle aspettative

29% Aiuto da amici e famigliari

22% Un datore di lavoro comprensivo

6% Un sacco di assistenza a pagamento

Mangiare bene quando si è di corsa richiede una strategia adeguata. Pianificate pasti e spuntini con alimenti sani, per impedirvi di indulgere in colazioni di lavoro a base di muffin, pranzi con patatine fritte e corse alle macchinette degli snack.

Fate scorta. Inserite quello che vi serve nella lista della spesa, in modo che ciò che mangiate al lavoro non sia un ripiego poco salutare. Comperate alimenti sani che possano essere conservati nel cassetto della scrivania senza deteriorarsi oppure nel frigo dell'ufficio. Se ne avete voglia, sfruttate la domenica per preparare pasta fredda, uova sode o torte salate, da lasciare nel frigorifero fino a quando ne avrete bisogno. Tenete in ufficio una scorta dei vostri infusi preferiti e una ciotola di frutta fresca.

Opponetevi ai razziatori di frigoriferi. Ogni ufficio ha il suo ladro di pranzi, che compie regolari incursioni nel frigo. Proteggete il vostro pasto conservandolo in un sacchetto di carta per alimenti, chiuso con la cucitrice e con il vostro nome scritto sopra a caratteri cubitali.

Occhio alle tentazioni. In ufficio abbondano torte di compleanno, biscotti per la merenda e cioccolatini mandati dai clienti? Resistete. Se ogni giorno a metà pomeriggio vi vengono sonno e una voglia incontrollabile di zuccheri, giocate d'anticipo e mangiate una mela o bevete una tazza di tè. Chi ha tempo per andare a comprare altri vestiti o di fissare nuove lezioni in palestra?

Quando combinate un pasticcio

Gli errori capitano. Soprattutto quando si lavora troppo e si è esauste. Se il capo è furioso perché siete arrivate di nuovo in ritardo o avete perso una riunione, dovete accettarne la responsabilità. Non reagite con una sfilza di scuse o di autoaccuse. Riconoscete lo sbaglio e cercate di rimediare nel miglior modo possibile.

Forse avvertite il bisogno di un piccolo cambiamento, o magari di delegare parte delle responsabilità famigliari in modo da potervi concentrare di nuovo per qualche tempo sulla carriera.

{da mamma a mamma}

« Non sono esattamente entusiasta del mio ricorso ai piatti pronti, ma ringrazio Dio per la loro esistenza! ».

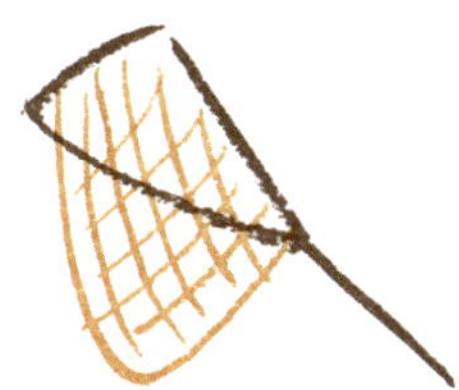

Il momento migliore per chiedere un favore al capo

Si avvicinano le vacanze di Pasqua della piccola Sofia e quest'anno le avete promesso di portarla a Disneyland. Le vacanze coincidono con il ciclo obbligatorio di seminari previsto dall'azienda. Cosa deve fare una mamma che lavora? Il tempismo è tutto e questo è particolarmente vero quando si tratta di persuadere il capo a fare quello che volete voi. SceglIete con buon senso il momento in cui vi affaccerete nel suo ufficio. Alcune situazioni sono migliori di altre.

Quando è già da un po' che non chiedete nulla. Attente alla frequenza con cui sollecitate trattamenti di favore. Una collaboratrice con esigenze eccessive col tempo rischia di essere percepita come un fastidio.

Dopo che avete detto sì. Se il vostro superiore vi chiede di fermarvi fino a tardi, di fare un viaggio o di sostituirlo a un appuntamento, fatelo ogni volta che vi è possibile. Acconsentendo alle sue richieste aumenterete le probabilità che lui acconsenta alle vostre.

Quando vi sentite imbattibili. Avete appena completato un report che si è guadagnato commenti estremamente lusinghieri? Avete finalmente convinto a firmare un cliente a cui davate la caccia da tempo? Se di recente avete fatto qualcosa di straordinario per l'azienda, sarà più probabile che il vostro superiore sia disposto a ricompensarvi.

Quando il capo è di buon umore. Sta cantando nel suo ufficio dopo un weekend romantico? Scegliete un momento in cui è felice, non quando va di fretta o è sotto pressione. Se avvicinandovi all'ufficio sentite urlare, battete in ritirata.

Con anticipo. A nessuno piace sentirsi messo con le spalle al muro. Se avete bisogno di tempo libero, avanzate la richiesta con il massimo anticipo possibile. Annotate gli eventi scolastici e le vacanze sul calendario dell'ufficio. Questo non significa che sarete libere in tutte quelle occasioni, ma avrete maggiori possibilità di evitare conflitti.

Se c'è una ragione valida per la vostra temporanea inefficienza, decidete se parlarne ai superiori, ma solo per correggere la situazione.

Come gestire un datore di lavoro che non è genitore

I manager senza figli tendono a dimenticare che esiste un mondo fuori dall'ufficio. Agite con cautela se il vostro capo si nutre di lavoro. La richiesta di uscire prima per assistere alla rappresentazione di *Una giornata allo zoo* può essere accolta da uno sguardo perplesso: non è detto che sappia che i cuccioli di leone piangono quando non vedono la mamma tra il pubblico.

- Siate visibili quando la vostra presenza è più necessaria. Se il giovedì è critico perché il budget dev'essere pronto il venerdì, restate fino a tardi o lavorate quando i bimbi dormono. Anticipare le necessità genera una disposizione d'animo favorevole che vi aiuterà quando non potrete fermarvi oltre l'orario.

- Approfittate di ogni accenno ad attività esterne. Il capo adora partecipare alle maratone? Incoraggiatelo a iscriversi alla prossima mentre voi tenete sotto controllo la situazione in ufficio.

- Informatevi sulla sua famiglia e i suoi animali. Potrebbe cominciare a vedere un nesso fra il portare Wolfie dall'addestratore e l'accompagnare vostro figlio a lezione di clarinetto.

- Imparate a conoscere i vostri interlocutori. Se dove lavorate i bambini non sono molto apprezzati, non inondate la scrivania con foto e disegni: solo una foto e un unico "capolavoro".

Sopravvivere e vivere bene

Per sopravvivere e vivere bene una mamma lavoratrice deve avere un bel po' di pratica e un tocco di astuzia. Essere ben equipaggiate per affrontare i problemi vi aiuterà a sentirvi sicure e a trovare il giusto ritmo. Col tempo le vostre capacità di problem solving si affineranno finché un giorno, colpite da un'autentica tempesta di situazioni da incubo, le liquiderete in... oh, diciamo quindici minuti. E saprete già come risolverle senza grandi sforzi.

{ da mamma a mamma }

«Non azzardatevi a scusarvi perché siete mamme o mettete la famiglia al primo posto».

Nishan

4

Allenze strategiche

Nessuno sa meglio di una mamma che lavora quanto possa essere complicata la vita (e se la mamma in questione è single, be', il fattore complessità raddoppia). Ma potete facilitare le cose per voi e i vostri bambini chiedendo aiuto quando ne avete bisogno. Il trucco?

Quello che vi serve è una rete di persone affidabili a cui rivolgervi! Se non avete già un partner, vicini, amici e colleghi su cui contare, è arrivato il momento di instaurare qualche nuovo rapporto. In realtà, è più semplice di quanto si creda: la signora Jones della porta accanto probabilmente gradirà qualche biscotto al cioccolato, e dato che ne avete preparati duecentocinquanta per la vendita di beneficienza, potete tranquillamente regalargliene un po'.

Aiutare coloro che vi aiutano

Per evitare la fatica e lo sforzo che comporta cercare qualcuno che badi a vostro figlio all'ultimo minuto, quando i salvatori abituali non sono disponibili, tenete una lista delle persone che potrebbero rimpiazzarli se la nonna ha la sua serata del poker e il vostro partner è fuori città. Concentratevi su:

Personale scolastico o di nidi e asili. Persone già giudicate affidabili che spesso non disdegnano un piccolo guadagno extra.

Responsabili di attività varie. Allenatori, tutor e genitori di bambini che svolgono le stesse attività del vostro probabilmente mostreranno comprensione per il vostro problema.

Babysitter. Privilegiate quelle già munite di patente e disposte a seguire le vostre regole, come per esempio accertarsi che tutti allaccino la cintura di sicurezza... sempre!

Accumulare un "credito di favori"

Concedendo un po' del vostro tempo quando vi è possibile, accumulerete "valuta" che si rivelerà preziosissima quando sarete nei guai. Attenuerà il senso di colpa e vi garantirà un numero maggiore di alternative nelle occasioni in cui sarete voi ad avere bisogno di aiuto. Attenzione: accumulate crediti solo quando ne avete il tempo e la possibilità. Strafare servirebbe soltanto a logorarvi.

A casa. Ogni tanto, accollatevi qualche mansione extra durante il weekend: accompagnate tutti i bambini all'allenamento di calcio; ospitate i compagni dei vostri figli; mandate un sms alle amiche quando siete al supermercato per sapere se hanno bisogno di qualcosa; portate un gruppo di ragazzini a vedere una partita. Insomma, concedete una pausa agli altri genitori.

Al lavoro. Offritevi per incarichi che nessuno vuole. Sostituite un collega che ha bisogno di uscire per una questione famigliare. Elogiate un lavoro ben fatto, siate proattive e dividete il merito dei progetti di cui siete responsabili. Creare una disposizione d'animo favorevole in chi lavora con voi significa una maggiore disponibilità da parte loro a sostenervi quando è importante.

Nella vostra comunità. Trovate un po' di tempo per chi ha più bisogno, portando i bambini con voi: una visita ai vicini anziani, un contributo a una banca alimentare, una festa di beneficenza. Mettete a disposizione le vostre capacità. Offrite una consulenza di marketing in un'iniziativa per la raccolta di fondi, mettete a dimora una pianta in un giardino pubblico, date lezioni di yoga a un gruppo di bambini. Il karma è uno strumento potente.

Entrare in sintonia con le colleghe

Le mamme che lavorano dovrebbero cercare aiuto ovunque possano trovarlo e spesso le fonti migliori sono le altre mamme che lavorano. Legare con loro vi permetterà di imparare tutto quello che c'è da sapere su congedi di maternità, orario flessibile, lavoro da casa e altro ancora. In più, sono quelle che si faranno avanti, senza domande, quando sarete alle prese con una crisi famigliare.

{da mamma a mamma}

«Quando la situazione si fa insostenibile, ho la fortuna di poter contare sui miei cari genitori, a cui sembra di non trascorrere mai abbastanza tempo con mio figlio. In questo modo siamo tutti contenti!».

Quando dovete assolutamente

occuparvene voi

Anche se programmate ogni minuto delle vacanze e delle giornate libere con precisione chirurgica, vi consigliamo di tenere qualche giorno di riserva per gli imprevisti. Voi o il vostro partner dovete tassativamente stare a casa dal lavoro in alcune situazioni.

Vostro figlio è ammalato. Se ha la febbre, vomita o ha contratto una malattia potenzialmente contagiosa, non potete esporre chi se ne prende cura abitualmente né altri bambini al rischio di ammalarsi a loro volta. Portatelo dal pediatra. Prima avrete una diagnosi, prima potrete elaborare una strategia di guarigione. Avete la possibilità di lavorare da casa? Oppure di mettervi d'accordo con il partner in modo che ciascuno lavori mezza giornata, dedicando l'altra metà al piccolo? Conoscete gli ostacoli che dovete affrontare, di conseguenza siete in grado di mettere a punto un piano.

Voi siete ammalate. I bambini che frequentano l'asilo o la scuola sono piccole capsule di Petri brulicanti di bacilli e batteri. Tutte le precauzioni igieniche e la vitamina C del mondo non riusciranno a impedire all'occasionale intruso di superare le difese. La stessa regola che vale per vostro figlio si applica quindi anche a voi. Non cercate di tener duro a forza di pastiglie per la tosse e antistaminici. Gli studi svolti hanno dimostrato che chi si mette in malattia quando è necessario perde meno giornate lavorative di chi invece si ostina a tentare di lavorare anche se è ammalato. Prendetevi una giornata libera per guarire, i colleghi ve ne saranno grati.

A vostro figlio viene conferito un premio o si esibisce in pubblico. Che sia il protagonista della commedia scolastica o l'ultimo, invisibile membro del coro, muovete cielo e terra per presenziare. Anzi, cercate anche di arrivare in anticipo e poi fermatevi dopo lo spettacolo per il rinfresco a base di aranciata e biscotti. I bambini hanno bisogno di vedere la mamma fra il pubblico, ma ancora di più sono le mamme ad avere bisogno di esserci.

Una volta costruita una rete di alleati, è indispensabile tenere d'occhio i nemici e starne alla larga. Per esempio, c'è il collega (di solito senza figli) che sogghigna quando uscite prima. Ce n'è uno in ogni ufficio: quello che tiene d'occhio l'orologio, la martire persuasa di lavorare più di chiunque altro o il ficcanaso che fa commenti beffardi. Se pensate che qualcuno si risenta perché trascorrete in ufficio meno tempo degli altri, passate all'attacco.

- Sbandierate i vostri successi. Vantarsi di quello che si fa bene – senza dare l'impressione di vantarsi – è un'abilità cruciale.

- Rendete noti i vostri programmi e orari. Se dovete staccare a una certa ora ogni giorno, fatelo con regolarità, in modo che nessuno pensi che è un "optional". Per fortuna, il 71 per cento delle donne intervistate da *Working Mother* afferma che sul posto di lavoro c'è comprensione per la necessità di organizzare le riunioni dopo che loro sono andate a prelevare i rampolli.

- Conservate l'orgoglio. Mai vergognarsi o sentirsi in dovere di scusarsi per un orario lavorativo diverso. Orari e rendimento riguardano voi e il capo, e non c'è bisogno di dare spiegazioni.

«Aiuto! Vuole più bene alla babysitter che a me!»

Provate a immaginare: non vedete l'ora di tornare a casa per prendere tra le braccia il vostro cucciolo. Ma appena vi vede, lui non solo si avvinghia alla babysitter, ma strilla: «No!». Vi è famigliare? Al di fuori della famiglia, la babysitter è probabilmente la persona più importante della rete di supporto e quasi un terzo delle mamme intervistate confessa di aver provato gelosia nei suoi confronti.

Uno dei modi per risolvere il problema consiste nel congratularvi con voi stesse per aver trovato la persona giusta per vostro figlio. I suoi legami con altri non attenueranno mai l'amore per voi. Anzi, un buon rapporto con chi si prende cura di lui lo aiuterà a instaurare altri rapporti sani e positivi nella vita; la babysitter è una persona in più che gli vuole bene. Riservate qualche attività a voi due, come la colazione, il bagnetto o la lettura prima di dormire.

{da mamma a mamma}

«Non acconsentite a tutto quello che vi viene chiesto».

Coltivate la vostra vita sentimentale

Le ricerche dicono che i papà di oggi sono molto più collaborativi di quanto siano stati i nostri. Il 93 per cento delle mamme lavoratrici da noi intervistate e che vivono in coppia sostiene di avere a casa un partner collaborativo (e alcune ci hanno anche confidato di fare sesso per alleviare lo stress). Sfortunatamente, nel complesso, la maggior parte delle incombenze domestiche e la cura dei figli gravano ancora sulle spalle delle madri, nonostante siano, oggi più che mai, madri che lavorano. Sapere di poter contare sul partner vi aiuterà a tenere sotto controllo il livello di stress e contribuirà ad avvicinarvi, così che qualunque situazione vi sembrerà più gestibile. Ecco alcuni suggerimenti per una collaborazione costruttiva.

Dividete i compiti. Quando decidete le mansioni da sbrigare, cercate di adattarle alle rispettive preferenze e disponibilità. Includete anche i figli, tenendo conto dell'età e di quello che sono in grado di fare: fategli svuotare la lavastoviglie, preparare l'insalata, apparecchiare la tavola. Saranno piccoli compiti in meno per voi e in più gli insegnerete a essere autonomi.

Accettate le differenze. Tenete la bocca chiusa e resistete all'impulso di supervisionare, aiutare o correggere il partner in quello che fa.

Dite per favore e grazie. Sappiamo che siete adulte. Certe cose le sapete. Ma quando si è a casa, con la famiglia, è così facile dimenticarle! Insegnate ai figli a ringraziare chiunque abbia preparato il pasto. Un atteggiamento improntato alla gratitudine, alla cortesia e all'apprezzamento è contagioso, poco importa quanto insignificante sia l'incombenza sbrigata.

Parlatevi ogni giorno. Trovare un momento fisso nella giornata per voi due, magari quando i bambini sono a letto. Aiutate i figli a rispettare l'orario serale, così da non essere costrette a rifornirli di infiniti bicchieri d'acqua e a leggere «solo un'altra storia» fino a quando non arriva anche per voi l'ora di andare a dormire. In questo modo, voi e il partner potrete rilassarvi insieme, che parliate della giornata, leggiate il giornale o guardiate la TV.

Trovate spazi per la coppia. Probabilmente i vostri appuntamenti non sono più come una volta, quando avevate un sacco di tempo per mettervi in tiro e, sì, per depilarvi le gambe. Ma va bene così. Fate in modo di ingaggiare una babysitter almeno una volta al mese in modo che voi due possiate uscire. Cercate di evitare la routine "cena e cinema". Stando alle ricerche, le novità – assistere a un concerto all'aperto, visitare un parco a tema, oppure, perché no? cimentarvi nel trekking – rafforzano il rapporto.

Filatevela. Per alcuni genitori può essere difficile immaginare di stare lontani dai figli per più di qualche ora, eppure queste pause possono rivelarsi rinvigorenti per tutti. Non servono fughe complesse: un bed and breakfast a un'ora da casa sarà perfetto. E se proprio non potete, organizzatevi in modo che i bambini passino la notte da amici e ricambiate il favore quando saranno i loro genitori ad avere voglia di un po' di evasione.

Fate quello che funziona meglio per voi. Anche se vi incoraggiamo a trascorrere un po' di tempo da sole con il partner, capiamo che forse è più facile dirlo che farlo. Forse state allattando e la prospettiva di una notte fuori vi fa sentire più tese che eccitate. Cominciate allora con qualcosa di più gestibile, come un appuntamento in casa. Accendete qualche candela e aprite una bottiglia di vino il venerdì sera, oppure restate a letto a godervi il caffè mentre i bambini guardano i cartoni animati il sabato mattina. Ciò che conta è coltivare il vostro rapporto in qualunque modo contribuisca a farvi sentire più uniti.

Avete la sensazione che il partner collabori ai lavori di casa per metà?

44%
Sì

Avete la sensazione che il partner collabori alla cura dei figli per metà?

53%
Sì

Il vostro matrimonio è passato in secondo piano dopo la nascita del bambino?

66%
Sì

Le mamme hanno bisogno di (piú) amiche

Avete un capo, dei collaboratori, figli e magari anche un partner e un cane di cui occuparvi. Pensate alle amicizie come al vostro caricabatteria, che vi infonde energia, motivazione e tutto ciò che serve per fare ogni cosa. E la maggior parte di noi ha proprio un gran bisogno di una ricarica.

26% *Ha un'amica che le fa da mentore*

20% *Fa parte di un gruppo di mamme*

40% *Afferma che quasi tutti i suoi amici sono virtuali*

Con quale frequenza riuscite a trascorrere un po' di tempo con le vostre amiche senza i figli?

10% Una volta alla settimana

24% Una volta al mese

42% Una volta ogni 2-3 mesi

24% Mai senza i figli

Sapere che c'è qualcosa di speciale che condividete solo voi vi aiuterà a superare i momenti in cui vi sentirete meno importanti o rimpiazzate da altri.

Radunate la vostra tribù di mamme

Avete qualcuno che vi faccia da babysitter in caso di emergenza e qualcuno che vi sostituisca al lavoro, ma chi vi sostiene nella vita? Oltre al partner, se ne avete uno, le mamme lavoratrici hanno bisogno di amiche che le appoggino. Ecco perché è importante investire del tempo in questi rapporti. Date un'occhiata alle tipologie di amiche di cui ogni mamma ha bisogno, poi valutate le vostre. Forse avete una sorella che copre più di una categoria (efficiente!) o magari scoprirete una lacuna. Se così è, sapete cosa fare!

L'amica proprio uguale a voi. Ha bambini della stessa età dei vostri, lavora, avete una situazione sentimentale simile. Siete nella stessa barca e capite perfettamente gli alti e bassi reciproci.

L'amica più esperta. Forse non è più anziana, ma è già stata nella trincea in cui vi trovate ora. È quella in grado di darvi la giusta prospettiva che si acquisisce solo con il senno di poi. Ed è l'unica a cui potete credere davvero quando dice: «Te la caverai benissimo».

L'amica senza figli. Può essere single o in coppia, non ha importanza. È il legame con la vostra identità "pre-bambino". Vi terrà aggiornate sugli ultimi pettegolezzi sulle celebrità e vi trascinerà fuori per una più che meritata serata al femminile.

Completate la vostra cerchia

Essere madre è difficile. Essere una madre che lavora ancora di più, e cercare di farcela da sole non solo è quasi impossibile, è anche pericoloso. Senza una rete di supporto formata da partner, amici, famigliari, colleghe e perfino conoscenze più superficiali, rischiate di finire stressate e vulnerabili. Non va bene né per voi né per i vostri figli. Se siete assalite dal senso di colpa quando concordate una serata fuori, fate un bel respiro e ricordate che state investendo in voi stesse e nella vostra famiglia.

{da mamma a mamma}

«Avere una persona con cui parlare quando tutto sembra andare a rotoli aiuta a non crollare. Sono le orecchie che per una volta ascoltano le vostre esigenze, invece di quelle dei vostri figli».

Nishan

5

Guardarsi dentro

La lista settimanale dei trionfi può comprendere accompagnare i figli a un corso per poter incontrare le amiche, partecipare a una lezione di pilates e raggiungere il nirvana quando un cliente approva quel progetto che sembrava impossibile. Potreste trovare momenti di felicità in luoghi inaspettati, basta farci caso.

Guardatevi dentro e chiedete a voi stesse: «Mi sto divertendo?». È una domanda importante e la risposta si ripercuote su tutta la famiglia. Il vostro stato mentale, fin dal momento del concepimento, ha un effetto diretto sui bambini. Ecco la buona notizia: l'82 per cento delle mamme che hanno partecipato al sondaggio di *Working Mother* sostiene di sentirsi più felice da quando è arrivato il bambino. Solo il 4 per cento è meno soddisfatto (il 14 per cento si sente come prima). Qualunque sia la vostra situazione, migliorare il fattore felicità vi renderà mamme migliori. Riportiamo alcune strategie utili per prendersi cura della propria vita emotiva.

La "madre sufficientemente buona"

Quando nel mondo del lavoro il numero delle donne è aumentato, abbiamo sentito dire di tutto sulla "supermamma". Una rivolta contro quelle elevate aspettative ha condotto alla "mamma svogliata". Ora si parla della "madre sufficientemente buona", definizione coniata più di cinquant'anni fa dal dottor D. W. Winnicott, pediatra, sociologo e psicoanalista inglese. Il medico sosteneva che il ruolo chiave della madre sufficientemente buona consiste nell'adattarsi al figlio, così da dargli una sensazione di controllo e il conforto dello stretto legame con la madre. Una madre sintonizzata sul bambino gli permette di sviluppare di più l'immaginazione, la giocosità e la spontaneità, e di crescere tenendo fede al suo io autentico. Non c'è bisogno che una mamma abbia abilità speciali per prendersi cura del suo bambino; secondo Winnicott, basta possedere una normale capacità di entrare in sintonia con le necessità del piccolo e fare quello che serve per soddisfarle.

Nell'accezione attuale, la definizione "madre sufficientemente buona" scaturisce dall'idea che la maggioranza delle mamme ha già dentro di sé quello di cui i figli hanno bisogno. La mamma sufficientemente buona usa il buon senso, è disponibile per i figli e li ama (anche se non ama TUTTI i loro comportamenti) e impara dagli errori. Sfortunatamente, le madri lavoratrici di oggi hanno standard talmente elevati – e spesso irrealistici – che rischiano di non sentirsi affatto "sufficientemente buone".

Non c'è un solo modo per far bene le cose, quindi non dovete temere di sbagliare e danneggiare così il vostro bambino. Lui non ha bisogno di una mamma perfetta, ammesso che esista. Una mamma sufficientemente buona:

- Fa del tempo da passare con i figli una priorità. Se dovete scegliere fra stirare e giocare con vostra figlia, scegliete di giocare.

- Non si paragona ad altre mamme, soprattutto a quelle che stanno a casa! Forse l'impressione è che i loro rampolli prendano sempre i voti migliori a scuola, che le case in cui vivono non sfigurerebbero su *Casabella* e che siano sempre di buon umore, ma in realtà non sapete qual è la loro vera storia.

- Accetta i suoi limiti. Non esistono madri perfette né figli perfetti. Quando accettiamo i nostri limiti, diventiamo più capaci di accettare quelli dei figli.

Concentrarsi

Uno dei miti più diffusi fra le mamme che lavorano, a proposito del multitasking, è che ci aiuta a fare più cose. Questo è vero solo quando il lavoro in cui si è impegnate non esige molta concentrazione, per esempio apparecchiare mentre parlate al telefono.

{da mamma a mamma}

«Ricordate che i figli crescono in fretta. Tra cinquant'anni, non avrà molta importanza quanto denaro avevate o se la casa era pulita. I vostri figli, però, vi ricorderanno per il genere di persona che eravate e per la profondità dell'amore che avete dimostrato alla famiglia».

Cinque modi per essere presenti

1

Passate un po' di tempo con i bambini. Nessuno può farlo meglio di voi. E nessuno apprezza la vostra completa attenzione quanto loro. Rubate qualche minuto da trascorrere insieme.

2

Godetevi quello che mangiate. Mangiate qualcosa che vi piace in modo particolare e assaporatelo. Se poi è un tiramisù, tanto meglio (il cacao, dopo tutto, contiene antiossidanti)!

3

Scollegatevi. Spegnete tutti i dispositivi elettronici per, diciamo, due ore a sera, e ristabilite il collegamento con coloro che amate e con voi stesse. Presto vi renderete conto di quanto distragga tutto quel rumore di fondo.

4

Fate l'amore. Il sesso riduce i livelli di stress e aumenta quelli di ossitocina, "l'ormone dell'amore". Ma avete davvero bisogno della scienza per trovare un buon motivo?

5

Rilassatevi. Mettetevi sedute, chiudete gli occhi e respirate. Concentratevi sul respiro e ripetete un mantra personale. Vedrete che rallentare il ritmo in questo modo, anche se solo per un minuto o due, aiuta parecchio.

Ma se vostro figlio vi chiede il significato della parola "s-e-s-s-o", di sicuro non ve la sentirete di rispondergli mentre tagliate la verdura. Cercare di fare più cose insieme quando siamo alle prese con un lavoro che richiede parecchia attenzione è logorante. Ecco perché il multitasking può sfociare in un esaurimento.

La verità è che concentrarsi su una sola cosa alla volta e vivere nel momento ci aiuta a essere più produttive e felici. Sì, vi tirano in mille direzioni simultaneamente, ma se sceglierete di prenderne una alla volta sarete più efficienti e molto meno stressate. Sul lavoro, cercate di immergervi in quello che gli psicologi definiscono "flusso", impegnando tutti i vostri processi mentali in un'unica attività. A casa, prendetevi un po' di tempo in cui concedere tutta la vostra attenzione ai figli: ne hanno bisogno.

Strumenti per ridurre lo stress

Se ve ne andate in giro con il collo contratto, un nodo alla bocca dello stomaco e siete sempre nervose, è arrivato il momento di intervenire per ridurre il livello di stress. Non dovete meditare due ore al giorno per riuscirci, e neppure chiudervi in una cella d'isolamento. Ci sono alcuni semplici accorgimenti che potete adottare nel corso della giornata per alleviare la tensione.

Fate attività fisica. Sì, sappiamo che siete terribilmente impegnate. E che avete a malapena il tempo per fare pipì, figuriamoci per mettere le scarpe da ginnastica. Ecco perché tutto quello che chiediamo è che dedichiate all'esercizio dieci minuti al giorno. Niente di più. Sceglietete qualcosa di semplice, come fare il giro dell'isolato o seguire un corso di fitness in dvd. Cercate di individuare qualcosa che vi piaccia. Se dopo dieci minuti siete esauste, bene, ma ci sono buone probabilità che diciate: «Posso farne altri dieci!».

Ascoltate musica. Alcuni studi dimostrano che la musica aiuta a modificare l'umore e a stabilizzare le emozioni. I brani allegri sconfiggono la malinconia e quelli classici calmano i nervi. Preparate una lista di brani contro tutte le condizioni meno desiderabili – collcra, panico, spossatezza – e sceglietete di volta in volta

(dice il sondaggio)

Con quale frequenza vi sentite profondamente stressate?

59%
A volte

35%
Quasi sempre

6%
Di rado

{da mamma a mamma}

«Quando sembra impossibile riuscire a mettere in tavola la cena, organizzate una "serata picnic". Che per la mamma vuol dire: carne fredda, pane e una coperta nel cortile posteriore o sul pavimento del soggiorno».

quelli più adatti. Non sentitevi obbligate ad ascoltare la musica che piace ai vostri bambini. Le sigle dei cartoni animati a lungo andare manderebbero fuori dai gangheri chiunque!

Andate a fare spese con un'amica. È sorprendente cosa possano fare per il vostro benessere un po' di tempo con un'amica e un nuovo paio di scarpe. Troppo da fare per stare fuori a lungo? Approfittate della pausa pranzo: la libertà che comporta è uno dei maggiori benefici del lavoro.

Ridete di più. Guardate un film divertente, una sit-com o l'ultimo tormentone su YouTube. Le ricerche affermano che la risata produce un effetto positivo fisico e psicologico. Per fortuna, questa è una strategia che funziona anche con i bambini.

Uscite. Portate la famiglia a fare un picnic nel parco o una passeggiata. Oppure, semplicemente, fate due passi nel vostro quartiere. La natura è fonte di calma, e gli studi mostrano che potete trarre beneficio perfino guardando l'immagine di un paesaggio; allora, a casa come sul posto di lavoro, sbizzarritevi con foto pittoresche.

Aiutate qualcuno. Spostare l'attenzione dai vostri problemi a quelli di qualcun altro vi aiuterà a riacquistare la giusta prospettiva. In più, darete un buon esempio ai figli.

Mantenere la calma

Dalle arrabbiature nel traffico alla follia della reality TV, siamo esposte a dosi smisurate di collera. E sappiamo quanto può essere irritabile una persona che ha sempre mille cose da fare. Scattare con i bambini, i colleghi e gli sconosciuti in coda nel negozio di delicatessen diventa una regola, non l'eccezione. Ipertensione a parte, niente ci fa sentire peggio della perdita del controllo. Ecco come evitare di dovervi scusare con tutti:

Non reagite urlando alle urla. Quando siete il bersaglio del capriccio di un marmocchio o di un collega pazzo, esercitate la leadership emotiva. Vale a dire, obbligatevi a non arrabbiarvi anche voi.

Perché è giusto andare a letto quando siete davvero stanche

Il sondaggio condotto da *Working Mother* ha rivelato con estrema chiarezza come le mamme si mettano sempre per ultime. Quando abbiamo domandato se i loro figli dormivano bene quasi tutte le notti, l'89 per cento delle intervistate ha risposto di sì. Quando abbiamo domandato quante ore riuscivano a dormire loro, abbiamo scoperto che poco più di 6 ore a notte è tutto quello che mediamente riescono a concedersi. Non tutti hanno bisogno dello stesso numero di ore di sonno per sentirsi al meglio, ma mostrateci un mamma lavoratrice che non sia stanca e vi regaleremo cento bigliettoni. Concedetevi di andare a letto quando il vostro organismo ne ha bisogno. Quell'"ultima cosa da fare" sarà ancora lì domani e il mondo continuerà a girare!

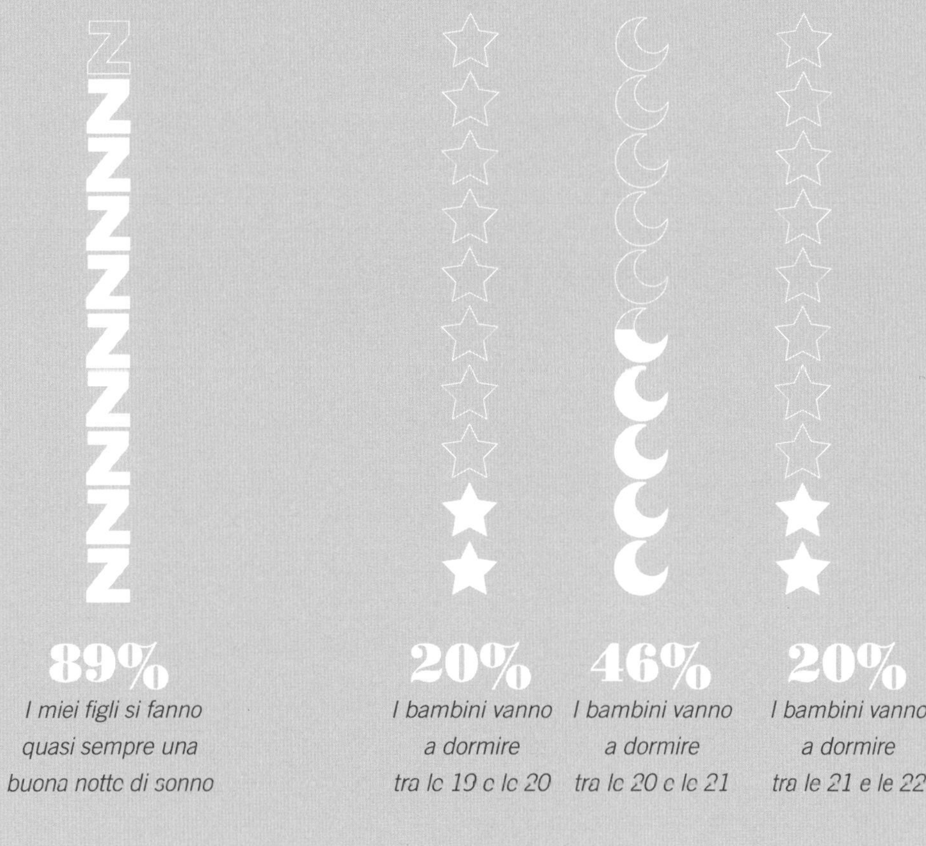

Quando vi sentite sopraffatte

Bombardate da richieste, aspettative e scadenze, è facile provare la sensazione di dover affrontare più di quanto si sia in grado di fare. Ecco una strategia per la gestione del tempo che vi aiuterà a non sentirvi schiacciate dalle circostanze. Al lavoro come a casa, dividete la mole di impegni in parti gestibili, quindi individuate le priorità. La differenza è quella che corre fra sorseggiare un centrifugato di spinaci e germe di grano e cercare di ingurgitarlo tutto in una volta. Ecco come passare dalla paralisi al controllo.

Stendete un elenco. Mettere per iscritto tutto quello che dovete fare vi aiuterà a valutare la portata dell'impresa che vi aspetta. Accanto a ogni voce, annotate le fasi necessarie per portarla a compimento, quindi concentratevi su un passo alla volta. È meno spaventoso che trovarsi fra le mani una lista troppo lunga. Valutate le mansioni che pensate dovreste sbrigare, ma che non vi allettano affatto. Perché non cancellarle definitivamente con un bel tratto di penna? Sentite come si alleggerisce il carico?

Chiedetevi: «Cos'è più importante?». Stabilite le priorità in base all'importanza e all'urgenza. Distinguete fra ciò che va fatto oggi, quello che può aspettare la settimana prossima e quello che potete rimandare a un indefinito "più tardi". Troppo spesso, i compiti urgenti ma non molto importanti vi rubano troppo tempo e troppa attenzione.

Concentratevi. Una volta scelta l'incombenza da portare a termine, dedicatevici. Mettete il cellulare su "silenzioso" e non controllate la posta elettronica, così da poterle concedere la vostra piena attenzione.

Stabilite dei limiti di tempo. Dedicate un certo tempo – diciamo 20 minuti – a ciascun compito. A volte è di aiuto caricare una sveglia e lavorare fino a quando suona, a meno, naturalmente, che non finiate prima!

Dite semplicemente di no. Esercitatevi a dire «no, grazie» con cortesia ma fermezza e con poche parole. Che si tratti di rifiutare un invito a un pranzo di lavoro o di accompagnare vostro figlio da un amico, non giustificate il no con tante spiegazioni. Siate concise e gentili. Dire di no vi mette ancora a disagio? Provate con «mi piacerebbe, ma... »: è la versione soft.

Provate il vecchio metodo: respirate profondamente e contate fino a dieci. E createvi un'immagine mentale che vi calmi, come trovarvi su una spiaggia.

Ricorrete all'attività fisica. Quando la pressione si fa sentire cercate uno sfogo fisico per la frustrazione, preferibilmente qualcosa che vi permetta di colpire e malmenare oggetti, come il kickboxing.

Tirate fuori quello che avete dentro. Quando le emozioni minacciano di straripare, sfogatevi con un'amica che sia brava a calmarvi. Oppure confidatevi semplicemente con il vostro cane.

Mantenete la giusta prospettiva. Riconoscete una situazione per quello che è. Se siete furenti perché il treno è di nuovo in ritardo, rammentate a voi stesse che è solo uno dei tanti contrattempi su cui non avete controllo. Sforzatevi di respirare con la pancia.

Limitate zuccheri e caffeina. Dosi elevate di questi stimolanti possono rendervi stanche, irritabili e pronte a esplodere. Mantenetevi idratate: un sorso d'acqua può avere effetti calmanti sorprendenti.

Preoccuparsi di meno

È inevitabile che ogni tanto siate in ansia pensando alla salute dei figli, alle decisioni professionali, ai rapporti interpersonali e alle giornate troppo piene. Ma preoccuparsi, che in determinate circostanze è appropriato, può diventare uno stato d'animo distruttivo se non è tenuto sotto controllo. Se siete afflitte da un'ansia perenne, rivolgetevi al medico. Nel frattempo, provate queste strategie:

- Annotate i vostri timori in due colonne: "Cose che posso controllare" e "Cose che non posso controllare". Vi aiuterà a capire quando è opportuno lasciar correre e quando è meglio agire.

- Un'altra soluzione è parlare con il partner o con un'amica. Lo scopo non è rimuginare sulle ansie, ma riconoscerle, esporle alla luce e lasciare che evaporino. Consideratele tossine da cui l'organismo deve liberarsi e cercate la maniera per riuscirci.

{ da mamma a mamma }

«Non siete sole. La supermamma che ha tutto non esiste. Smettetela di mettervi a confronto con tutte le altre madri».

dice il sondaggio

«Nella mia giornata non ci sono abbastanza ore».

65%
Fortemente d'accordo

27%
Più o meno d'accordo

- Per quanto riguarda le cose che potete controllare, o almeno influenzare, come risparmiare per l'università di vostro figlio o mantenere la famiglia in buona salute, elaborate dei piani d'azione. Aprite un libretto di risparmio, poco importa se l'importo iniziale sarà esiguo. Apportate un cambiamento benefico nel vostro stile di vita, magari una passeggiata collettiva dopo cena o l'introduzione di un alimento bio nel regime alimentare. Agire per vincere una paura vi farà sentire meglio.

- Quanto alle cose su cui non potete esercitare un controllo, come le calamità, gli incidenti o l'economia del paese, indulgete nelle vostre paure, ma per non più di cinque minuti. Piangete, camminate su e giù, ribollite e poi passate oltre. Visualizzate i timori come un aerostato che si allontana nel cielo. Quando non lo vedrete più, riprendete a fare ciò che dovete.

Quando i rimedi fai da te vanno troppo oltre

Un po' di vino scaccia le preoccupazioni. Uno Xanax aiuta a dimenticare la pressione. Una sigaretta calma la mente. Sentiamo sempre più spesso di mamme lavoratrici di successo che nascondono una dipendenza. Ma come capire se si è andate troppo oltre e se il rimedio fai da te si è trasformato in una vera dipendenza?

Nel decennio scorso, l'abuso di alcol e farmaci è cresciuto fra le donne. I casi di etilismo sono raddoppiati, l'abuso di farmaci regolarmente prescritti è quadruplicato. Le mamme che lavorano sono particolarmente vulnerabili a queste pericolose abitudini perché tendono ad avere aspettative molto elevate nei confronti di se stesse: devono essere produttive e mantenere il controllo, qualunque cosa accada. Gli esperti dicono che se vi scoprite a chiedervi se state per caso esagerando con l'alcol o le pillole, probabilmente è così. È ora di cercare un aiuto professionale. Rivolgetevi a un numero di assistenza o contattate uno specialista.

Non perdere la motivazione

Vi presentate come la madre di Sara e Luca o come il direttore marketing? Vi siete mai presentate come la vincitrice della gara di salsa all'università? O come la giramondo che ha visto la Grande Muraglia, fatto trekking sulle Ande e per di più parla un ottimo francese? Quanto tempo è passato dall'ultima volta che siete andate a ballare o in viaggio da sole? Accantonare parte delle aspirazioni personali è opportuno in determinati momenti della vita, ma rinunciarvi definitivamente potrebbe condurre a insoddisfazione e perfino depressione. Restate in contatto con voi stesse.

Restate in sintonia con le vostre aspirazioni. Anche se quasi vi manca il tempo per lavarvi i denti e per svuotare la lavastoviglie, rimanere collegate ai vostri sogni può aiutarvi a mantenere la motivazione. Forse sarà impossibile prenotare su due piedi un volo per Shanhaiguan, ma continuate a leggere della dinastia Ming o a guardare documentari sulla Grande Muraglia anche se solo per sette minuti prima di perdere i sensi per la stanchezza.

Impegnatevi ad apprendere nuove competenze. Padroneggiare il francese può non rientrare nei programmi per l'immediato futuro, ma forse potete impegnarvi a imparare una nuova frase alla settimana. Acquisire nozioni nuove mantiene in esercizio il cervello e rallenta l'invecchiamento. È un rimedio anti-malumore e vi rende più preziose, sia per il vostro capo sia per la vostra famiglia.

Coltivate le vostre passioni con i figli. Introducete l'amore per l'arte moderna, il surf o la cucina nella vita dei figli. Andate insieme a visitare musei, al mare, o fate i biscotti. Parlate loro delle cose che vi emozionano e rendeteli partecipi delle vostre attività preferite. Forse non impareranno ad apprezzare l'opera, ma certamente impareranno a rispettare quello che la mamma fa, soprattutto se ricambierete mostrandovi disponibili ad assistere a una partita di calcio o a partecipare a un gioco da tavolo con loro.

Il tempo per se stesse

Avete rinunciato ai bagni caldi perché non sono molto rilassanti quando un bambino bussa impaziente alla porta? Per senso di colpa, ansia o abitudine, le mamme che lavorano spesso sottovalutano l'importanza di prendersi un po' di tempo per se stesse.

{da mamma a mamma}

«Come madri lavoratrici, tendiamo ad avere sempre un mucchio di cose per le mani. Pianificate in anticipo, ma non andate nel pallone quando qualcosa non va per il verso giusto. E fate sempre in modo di trovare tempo per voi e per il vostro partner».

State lavorando troppo?

Se rispondete sì a due o più delle voci elencate qui sotto vuol dire che è arrivato il momento di ridurre le ore che dedicate al lavoro.

1 Il vostro boxer abbaia quanto tornate a casa... non di gioia, ma perché non vi riconosce.

2 Continuate a chiamare erroneamente i vostri figli Matteo e Andrea, i nomi dell'addetto alla posta e del nuovo stagista.

3 Per buona parte del tempo la vostra famiglia non capisce di cosa state parlando (pensate che convocare i famigliari dicendo che dovete fare «un brainstorming sulle potenziali località di vacanza» sia il modo in cui parlano tutti).

4 Per voi lavorare mezza giornata significa lasciare l'ufficio intorno alle 18.30.

5 Vi riferite ai pomodori del vostro orto come a "prodotti intermedi originati dalle attività pianificate in un progetto".

Forse siamo arrivate ad accettare che amiamo il nostro lavoro e che la frequentazione di un nido non danneggerà i nostri figli, ma il pensiero di lasciarli con una babysitter per fare qualcosa di frivolo come andare al cinema può farci sentire irresponsabili, magari perfino egoiste. In realtà, è vero il contrario. Il tempo che dedichiamo a noi stesse ci aiuta a essere meno stressate, più appagate e in salute. Ecco cosa fare per avere del tempo solo per sé:

Fissate un appuntamento con voi stesse. Riservatevi un'ora per la palestra o mandate un'e-mail a un'amica per una cena: una volta stabiliti giorno e ora, sarà più difficile cancellare l'impegno.

Andate dal medico. Quando fissate una visita di controllo per vostro figlio programmate un checkup anche per voi. Prendetevi l'intera giornata libera e prenotate un massaggio, la mammografia annuale e la pulizia semestrale dei denti. Troppe mamme sono fantastiche nella cura della famiglia ma trascurano se stesse.

Fate come fa papà. Di rado incontrerete un padre che si sente combattuto quando si tratta di andare con i colleghi a farsi una birra, prenotare un weekend in montagna con un amico o passare ore in garage a fare le diavolerie che fanno gli uomini nei garage. È un atteggiamento mentale più sano, e con la pratica imparerete anche voi ad adottarlo senza preoccuparvi più di tanto. Quando il vostro partner si prende del tempo per sé, fate altrettanto. Se lui va a giocare a golf il sabato mattina, voi la domenica giocate a tennis. Sostenetevi e incoraggiatevi reciprocamente.

Cominciate con dieci minuti. Probabilmente sarà impossibile prendervi un'intera giornata per coccolarvi come facevate da single. A partire da oggi, però, cercate di prendervi almeno dieci minuti al giorno. Ignorate le faccende di casa e leggete un libro dopo che i bambini sono andati a letto, fate l'uncinetto sull'autobus che vi porta al lavoro o telefonate a un'amica per spettegolare un po'. Piccole pause rigeneratrici che vi aiuteranno a ricaricarvi. Domani, provate a concedervene due di dieci minuti ciascuna.

Semplificate. Focalizzatevi su un'unica cosa che proprio non vi piace fare, qualcosa che vi impegna troppo tempo senza darvi in cambio granché. Se potete, concedetevi un aiuto domestico una volta ogni quindici giorni, affidate il bucato a una lavanderia o fatevi consegnare la spesa a domicilio. Non riempite il tempo libero che avete conquistato con altri impegni. Tenetelo per voi. Ecco che di colpo avrete un'ora in più per seguire quel corso di creazione di gioielli a cui avete sempre desiderato iscrivervi.

Coraggio, siate felici

Se siete spesso di malumore e non riuscite a capire perché, adottate alcune delle strategie illustrate e state a vedere cosa succede. Ma se la tristezza, la stanchezza o semplicemente la sensazione di non essere quelle di sempre rimangono, rivolgetevi al medico. La depressione è molto diffusa fra le donne e può colpire anche voi.

{ da mamma a mamma }

«Ricordate che c'è sempre una scorciatoia: fate la spesa online, inserite i numeri di bravissime babysitter fra quelli a chiamata rapida e non abbiate paura di ricorrere a una collaboratrice domestica quando ne avete davvero bisogno».

Rilassarsi nella vita reale

Molte mamme che lavorano non hanno sufficiente tempo per rilassarsi, quindi ci ha fatto piacere scoprire che le partecipanti al nostro sondaggio avevano trovato mille modi per scaricare la tensione. Date un'occhiata alle attività antistress illustrate qui sotto (sì, la TV ha la sua importanza. Chi non si sente di umore migliore dopo aver visto un programma comico?). Le attività più popolari comprese nella categoria "altro" sono: passeggiare, fare un bagno, giocare con il computer, pregare o leggere la Bibbia e fare sesso.

51%
Guarda la TV

48%
Dorme

46%
Pratica un'attività fisica/yoga

43%
Parla al telefono con un'amica

43%
Legge

24%
Beve vino

13%
Si dedica ad attività manuali

9%
Medita

15%
Altro

Praticate la gratitudine. Durante la cena o prima di dormire elencate le cose per cui siete grate e rendetene partecipe la famiglia. Incoraggiate figli e partner a farlo, allenerete la mente a soffermarsi sul positivo più che sul negativo e a rimettere le cose nella giusta prospettiva. Impostare il proprio modo di pensare così da essere riconoscenti per ciò che si ha, invece che delusi per ciò che non si ha, può avere un grosso impatto sulla felicità quotidiana.

Enfatizzate il positivo. Il modo in cui esprimiamo noi stessi può condizionare il nostro livello di felicità, mentre lamentarsi è una maniera quanto mai rapida per sprofondare nella tristezza. Cercate sempre qualcosa di positivo da dire.

Gratificate. Piuttosto che concentrarvi sulla vostra felicità, cercate occasioni per rallegrare qualcun altro. A casa e al lavoro, esprimete con frequenza il vostro apprezzamento.

Sorridete. Alcuni studi dimostrano che pensiero, emozioni e azioni sono collegati fra loro. Agire come se foste felici può rendervi tali.

Attente a ciò che dite. Censurate ciò che dite davanti ai bambini. Parlare di come detestate il vostro lavoro potrebbe indurli a chiedersi perché allora ci passate tanto tempo invece di stare con loro.

La ricetta della felicità

Forse vi sentirete egoiste quando metterete voi stesse al primo posto, ma di fatto è la cosa più generosa che potete fare per vostro figlio. C'è molta verità nel vecchio adagio «Mamme felici hanno figli felici». No, non saranno al settimo cielo ogni secondo della giornata, e non è colpa vostra. Sono bambini, non robot. Poco importa quello che fate, non potete risparmiare loro tutte le frustrazioni e neppure dovreste provarci. Il conflitto è un aspetto determinante della vita e questa è una verità che tutti hanno bisogno di imparare. Quando mostrate ai figli che la vostra famiglia dà valore ai desideri e alle necessità di ciascuno (compreso il bisogno, a volte, di stare da soli), gli insegnate che la felicità non è un tratto innato del carattere, ma una capacità che è possibile coltivare.

{ da mamma a mamma }

«Ricordatevi che "anche questo passerà". È un mantra da tenere a mente, insieme a questo consiglio: "Spendete il doppio del tempo con i vostri bambini e la metà del denaro"».

6

Mamma al galoppo

Ci saranno giornate in cui non riuscirete a trovare il cellulare, il bambino si metterà a piangere, il caffè avrà lasciato un segno indelebile sulla relazione da presentare al lavoro... e saranno solo le sette del mattino. Siete in pista dal momento stesso in cui vi svegliate e l'elenco di imprevisti è lungo per qualsiasi mamma.

Ma per le mamme che lavorano c'è un problema in più: avete molto meno tempo (in alcuni casi non ne avete affatto) per rimediare a quello che va storto. Non potete sempre concedervi il lusso di annullare un pranzo che avevate dimenticato o di interrompere una chiacchierata per arrivare in tempo all'allenamento di calcio. Seguite i suggerimenti qui sotto e potrete ritagliarvi nella routine quotidiana tempo a sufficienza per gestire gli occasionali ma inevitabili tracolli senza averne uno voi stesse.

Stabilite un centro operativo

L'ingresso e la cucina sono fulcri di attività in cui pochi oggetti mirati possono fare una differenza sostanziale.

Assegnate angoli individuali. Create per ciascun membro della famiglia una zona dove collocare la sua roba (cappotti, scarpe, borse, clarinetti, qualunque cosa). A seconda dello spazio di cui disponete vicino alla porta, montate armadietti o più semplicemente attaccate ganci alla parete e sotto piazzateci ceste o altri contenitori. Etichettateli con i nomi di ciascuno.

Ricaricate. Tenete nell'ingresso un caricabatterie multifunzione per cellulari, IPod, videogiochi e qualunque altra cosa rischi di farvi impazzire quando la batteria si scarica.

Utilizzate un calendario a parete. Tenete in cucina un grande calendario dove riportare gli appuntamenti e le scadenze di tutti, così che, quando il piccolo che va in prima media vi dirà che la partita è stata spostata da lunedì a mercoledì, possiate prenderne immediatamente nota (a matita, è ovvio).

Leggete le comunicazioni scolastiche. Parlate con la scuola per scoprire in che modo lo staff o l'insegnante preferisce comunicare con i genitori. Per esempio, ogni venerdì la maestra dell'asilo di vostro figlio gli consegna eventuali note da portare a casa? Oppure è una e-mail periodica che dovete tenere d'occhio? Appena venite informate di un evento, scrivetelo sul calendario a parete. In questo modo, non vi perderete la giornata dedicata al dottor Seuss (il celebre scrittore e fumettista autore di tanti libri per bambini), o l'incontro con il vostro cliente perché siete dovute tornare a casa di corsa a cucinare.

Preparate tutto la sera prima

Per concedervi la massima probabilità di una mattinata calma e una partenza da casa puntuale, cominciate a organizzarvi prima di andare a dormire:

- Insegnate ai ragazzi a vestirsi da soli non appena è possibile. Fate preparare la sera prima gli abiti che indosseranno l'indomani. Imparate a convivere con le loro scelte, a meno che non siano completamente inadatte alla scuola o al clima. Occorre risparmiare tempo e incoraggiare la loro autonomia.

- Se avete un bambino ancora piccolo, tenete sempre ben fornita la borsa dei pannolini. Una volta che i figli sono in età scolare, insegnate loro a risistemare gli zainetti tutti i giorni della settimana. In questo modo un'eventuale giustificazione non andrà perduta e cose essenziali come i compiti arriveranno a scuola in perfetto stato. Potete dare una controllatina senza che se ne accorgano, ma è importante che capiscano che è una loro responsabilità. Fate lo stesso con la vostra borsa e la ventiquattrore.

{ da mamma a mamma }

«Se qualcosa nella vostra routine non funziona, chiedete consiglio a vostro figlio. Dico sul serio! Se coinvolti nel programma giornaliero, è più probabile che i ragazzi lo rispettino!».

- Una volta che i bambini sono a letto, date una rapida riordinata alla casa, così il mattino seguente vi alzerete sapendo di essere già a buon punto.

- Preparate i pranzi, ma insegnate ai figli ad arrangiarsi per la merenda. Riponete le opzioni accettabili, come formaggini o yogurt, in un apposito ripiano del frigo. Stabilite regole precise, per esempio pretendendo che il pasto comprenda sempre un frutto. Aiutateli se ce n'è bisogno.

- Preparate una colazione a buffet: disponete sul tavolo frutta, pane, marmellata, barrette energetiche e cereali assieme a tazze, cucchiai e bicchieri. Un pasto self-service può far risparmiare minuti preziosi.

Diventate persone mattiniere

Posticipate la sveglia almeno cinque volte, camminate nel sonno fino alla doccia, ingollate un triplo espresso per uscire dallo stato di zombie? Evidentemente non siete persone mattiniere e neppure lo sono i vostri bimbi. Il segreto per cambiare sta nell'anticipare l'ora di andare a dormire. I bambini di tre anni hanno bisogno di dodici-quattordici ore di sonno, a quelli in età scolare ne servono dieci-dodici e ai genitori... tutte quelle che possono. Stabilite l'ora precisa in cui i ragazzi devono spegnere le luci, e fatela rispettare. Scegliete l'ora giusta anche per voi.

Trovate quella cosa che avete perduto... qualunque sia!

La ricerca di un oggetto smarrito può sabotare molto in fretta il programma giornaliero. Quando cercate qualcosa finito chissà dove, controllate innanzitutto dove "dovrebbe essere" e l'area circostante. Guardate sotto altri oggetti (cappelli, carte, sedie) nelle immediate vicinanze. Considerate il fattore "spostamento": lo avete portato con voi quando siete corse a rispondere al telefono? Sedetevi e pensateci di nuovo. La maggior parte delle cose si allontana raramente più di un metro dalla sua collocazione originale. A meno che non sia stato qualcun altro a spostare gli oggetti. Domandare ai bambini può fare luce sul mistero.

Incoraggiate la collaborazione

Vi siete mai accorte di come certe situazioni complicate tendano ad avere un andamento ciclico, spesso in sincronia con le vostre scadenze più importanti? Avete passato sei mesi fantastici, poi boom! Di colpo siete in piena emergenza! Ecco come gestirla:

Siate chiare. Fornite istruzioni dettagliate. Invece di dire «Usciamo fra dieci minuti» (i bambini non hanno un autentico senso del tempo), chiedete al piccolo di mettersi berretto e cappotto.

Usate rinforzi positivi. Quando vostro figlio si comporta bene (per esempio ha preparato lo zainetto la sera prima senza che abbiate dovuto ricordarglielo) elogiatelo con parole d'incoraggiamento. La gratificazione ottenuta contribuirà a far radicare la buona abitudine e lo farà sentire bene.

Siate coerenti. I bambini amano la routine. Non dovete trasformarvi in un sergente istruttore, ma qualche regola può facilitare le cose. Al mattino, per esempio: «Niente tv finché non sarete vestiti e vi sarete lavati i denti». Quando i bambini capiscono che una condizione non è negoziabile, si sentono meno incentivati a piagnucolare, opporsi o rispondere male.

Cambiamenti difficili

Cambiamenti come la sostituzione della tata, il passaggio dall'asilo alla scuola a tempo pieno o la prima partecipazione a un campo estivo possono tradursi in momenti delicati. Empatia e sostegno affettivo aiuteranno vostro figlio a sentirsi più sicuro. Alcuni suggerimenti per rendere meno traumatica la transizione:

Parlate ciò che lo preoccupa. Chiedete al vostro bambino il motivo della sua inquietudine. Fategli sapere che capite, confidandogli una vostra esperienza analoga, e mostratevi più affettuose del solito.

Preparatelo. Leggetegli qualche libro sull'argomento, per esempio racconti del primo giorno al campo estivo. Fatelo parlare con

{da mamma a mamma}

«Quando vi trovate a un pelo dal mettervi a urlare per la frustrazione, tirate un respiro profondo e usate il linguaggio descrittivo per spiegare ai vostri bambini come vi sentite. Per esempio: "Mi fa arrabbiare che non abbiate ancora messo il cappotto". Può sembrare bizzarro, ma funziona sempre!».

amici che ci sono già stati e lo hanno adorato. Se necessario, lasciategli scegliere per l'occasione un contenitore per la merenda da ragazzo grande o uno zaino speciale: sarà fiero della sua scelta e affronterà con maggiore sicurezza la giornata che lo aspetta.

Congedo breve e affettuoso. Minimizzate la difficoltà del momento della separazione, salutandolo con un abbraccio speciale o una stretta di mano, e non tiratela per le lunghe.

Stabilite dei rituali. Per esempio pizza-e-film il venerdì sera, così che abbiate tutti qualcosa di divertente da aspettare alla fine della settimana. Le abitudini sono prevedibili, e ciò può essere rassicurante per un bambino alle prese con un cambiamento.

Lavorate su voi stesse. I bambini sono in grado di cogliere anche sensazioni che i genitori cercano di nascondere. Se il cambiamento vi rende ansiose, parlate dei vostri timori con il partner o un'amica.

da mamma a mamma

«Per rendere più facile il congedo, ispiratevi al dolcissimo libro di Audrey Penn, *The Kissing Hand*. Date un bacio alla mano del vostro piccolo e ditegli di metterlo in tasca. Quando più tardi penserà a voi, tutto quello che dovrà fare sarà tirare fuori il bacio».

Se l'ultimo bambino rimasto ad aspettare... è il vostro

Ricevete una telefonata all'ultimo minuto. Una riunione si protrae fino a tardi. Il vostro treno è in ritardo. Quando si verifica un imprevisto, la tariffa extra per la babysitter è l'ultimo dei vostri problemi. Quello che conta è la faccina rigata di lacrime di vostro figlio rimasto solo ad aspettare. Lo sentite già piagnucolare: «Perché non sei venuta a prendermi?». No, non siete la peggior mamma del mondo, però provate a gestire così la situazione:

Fate qualche telefonata. Avvisate che arriverete in ritardo. Se prevedete che il ritardo supererà il quarto d'ora, telefonate al genitore di un compagno per vedere se può passare a prenderlo (assicuratevi di aver firmato in anticipo la delega).

Adottate una reazione pacata. Vostro figlio ha bisogno che vi dimostriate rassicuranti, confortanti e dispiaciute. Spiegate cosa è successo ma non promettete che non accadrà più perché non potete essere sicure che sarà davvero così.

Come sopravvivere all'ora delle streghe

Per molte mamme che lavorano, l'ora di cena è una sorta di tempesta perfetta. Bambini stanchi e affamati si scontrano con una madre che si sente sotto pressione perché costretta a fare quindici cose contemporaneamente. I figli vogliono che ammiriate le impronte di mani che hanno disegnato al nido, il cane non la smette di abbaiare e voi ancora non sapete cosa metterete in tavola. Liberatevi delle scarpe, respirate a fondo e seguite passo dopo passo il seguente piano di battaglia:

1

Pensate a uno spuntino

Offrite immediatamente qualcosa da mangiare. I bambini affamati mangiano praticamente qualunque cosa, quindi optate per cibi sani. Tenete sempre pronta una fruttiera piena o proponete in alternativa uno yogurt o una carota.

2

Fate attenzione

I vostri bambini hanno bisogno di voi più che di qualunque altra cosa. Sedetevi con loro (anche solo per qualche minuto) mentre divorano lo spuntino e fatene un rituale. Approfittate di quel momento per raccontar loro della vostra giornata.

3

Lasciate che vi aiutino

I bambini adorano sentirsi utili. Anche se il vostro piccolino può soltanto strappare le foglie di lattuga o mettere in tavola le posate, darà il suo contributo e avrà qualcosa da fare.

4

Siate inventive e manuali

Incoraggiate i più grandi a fare appena possibile i compiti. Questo può essere un buon momento per ideare attività manuali destinate ai più piccoli. Riempite un cesto di fogli di carta, pennarelli e vecchie riviste.

5

Sfruttate le scorciatoie

Non c'è assolutamente nulla di sbagliato nello scongelare le polpette preparate qualche giorno prima, annunciare «stasera cena a base di panini» o sfruttare cibi preconfezionati.

La qualità del tempo passato insieme

Dato che durante la settimana non potete trascorrere lunghi pomeriggi con i vostri bambini a cuocere biscotti o a costruire una casa sull'albero, il tempo che potete dedicar loro la sera diventa cruciale. Dopo che vi siete precipitate dal lavoro al circolo sportivo, ai vari corsi e infine a casa a preparare la cena, c'è la necessità di un po' di tempo in relax per parlare, ridere, raccontarvi la rispettiva giornata e giocare.

Cenate insieme. Sforzatevi di cenare tutti insieme almeno tre volte alla settimana. Una volta ogni tanto è preferibile a mai. Se arrivate troppo tardi per la cena, ideate uno snack da consumare all'ora di andare a letto, o fate della colazione dell'indomani un'occasione speciale. Stando agli studi effettuati, i bambini che cenano con i genitori hanno voti migliori, minori probabilità di finire dipendenti dall'alcol o dalle droghe e sono più sani. A chi importa se arrivate con la cena in un sacchetto? Ne vale la pena.

Parlate. Quando siete con i vostri figli, durante i pasti o all'ora di andare a letto, induceteli a parlare di qualcosa di specifico. Invece di domandare se si sono divertiti durante la ricreazione, chiedete con chi hanno giocato o prendeteli all'amo con una battuta del genere: «È proprio un peccato che oggi abbiano cancellato la ricreazione». Alla piccola Giulia non parrà vero spiegarvi che non è andata affatto così, e che, anzi, ha giocato a pallavolo con Matteo tutto il tempo e ha vinto due partite! Evitate domande cui si può rispondere con un grugnito d'assenso o di negazione e cercate di imprimere alla conversazione un tono positivo, il che significa da parte vostra nessuna lamentela a proposito del lavoro.

Stabilite regole precise per la tecnologia. Godere della reciproca compagnia diventa quasi impossibile quando il mondo esterno continua a farsi vivo con squilli di telefoni, segnali di e-mail in arrivo e sms. Stabilite un'ora in cui staccare la spina tutte le sere, diciamo dalle 19.00 alle 20.00. Niente cellulari, videogiochi, internet, TV, lettori CD o altri dispositivi elettronici che disturbino la conversazione. Sfruttate questo arco di tempo per prepararvi per la notte, leggere, giocare, scambiarvi storie e rafforzare il legame con i vostri figli.

Rassicuratelo. Lasciate che dia sfogo alla delusione. Spiegategli in parole semplici che cosa ha causato il ritardo e assicurategli che avete fatto del vostro meglio per arrivare puntuale.

Accompagnare i bambini

Prelevarli dopo l'allenamento di basket per portarli a lezione di inglese e poi al corso di nuoto richiede uno sforzo notevole. Ci sono innumerevoli centri sportivi e lezioni, per non parlare del numero dei figli, tutti ansiosi di approdare nel posto giusto all'ora giusta. Ecco come evitare disastrosi fallimenti:

Non esagerate con gli impegni. All'inizio di ciascun trimestre, valutate realisticamente ciò che è fattibile. Una sola attività extrascolastica a bambino è sufficiente perché tutti siano soddisfatti e voi manteniate la vostra sanità mentale? Ricordate che i bambini hanno bisogno di un sacco di tempo da dedicare semplicemente al gioco. E se a metà anno vi rendete conto che qualcuno di loro è ancora sovraccarico di impegni, annullatene alcuni. Non c'è nulla di male nell'insegnare ai vostri figli a effettuare cambiamenti salutari quando ne hanno la necessità.

Car pooling. Andate a caccia di genitori in grado di aiutarvi. Offritevi di coordinare gli spostamenti, fornendo a ciascuno una tabella con i giorni e le ore per chi dovrà accompagnare chi. Così facendo, potrete organizzarvi anche voi. Quello che non riuscite a fare in settimana, sforzatevi di recuperarlo nel weekend.

Chiedete al responsabile. Forse l'allenatore, l'insegnante o il responsabile delle varie attività sportive, lezioni ecc. è disposto ad accompagnare vostro figlio a casa in cambio di un compenso.

Trovare un guidatore affidabile. Un conducente responsabile, forse uno studente universitario che conoscete bene, può essere provvidenziale. Pagatelo per il tempo e per il carburante e stabilite le norme di sicurezza che giudicate opportune, come per esempio la necessità che in auto debbano salire solo lui e i vostri figli (tutti con la cintura di sicurezza allacciata), senza eccezioni.

{da mamma a mamma}

«Quando accompagnate i figli da qualche parte, approfittatene per parlare "fianco-a-fianco". Spesso per un ragazzino è più facile parlare di cose spiacevoli, come il motivo per cui un amico lo ha scaricato, quando non deve guardarvi in faccia. È una tecnica che funziona particolarmente bene con gli adolescenti».

Quando non potete essere presenti

Un buon 83 per cento delle mamme lavoratrici che abbiamo intervistato ha sostenuto di sentirsi in colpa quando non riesce a partecipare alle attività della scuola. Per fortuna, il 74 per cento è in grado di prendersi del tempo libero durante la giornata lavorativa per partecipare a iniziative scolastiche o fare volontariato nella scuola stessa, ma solo saltuariamente. Ecco alcuni consigli per affrontare queste spinose sfide:

Iniziative diurne

Per quanto voi e il vostro partner moriate dalla voglia di essere fra il pubblico quando il vostro piccolo fiocco di neve turbinerà nello spettacolo invernale, a volte non ci riuscirete. Mandate un amico o un famigliare al vostro posto e chiedetegli di riprendere lo spettacolo. Lo guarderete insieme quanto prima, così che possa sentire anche i vostri applausi.

«Mamma, perché non puoi mai...»

«... fare la rappresentante di classe?». Vi piacerebbe da morire avere una giornata libera per aiutare a decorare l'aula con festoni di carta rossa in occasione del Carnevales, ma la verità è che simili incarichi sono spesso troppo impegnativi per chi lavora a tempo pieno. Spiegate a vostro figlio che collaborerete in altri modi.

Quello che potete fare. Chiedete all'insegnante se potete fare un'apparizione come ospite, magari per una lettura a sorpresa o per realizzare qualche progetto speciale, come costruire una casetta per gli uccelli o piantare un giardino in vaso. Vostro figlio avrà la sensazione che avete fatto qualcosa di speciale e voi potrete riservare all'impegno solo una mezza giornata, così da poter tornare un'altra volta in un'altra occasione.

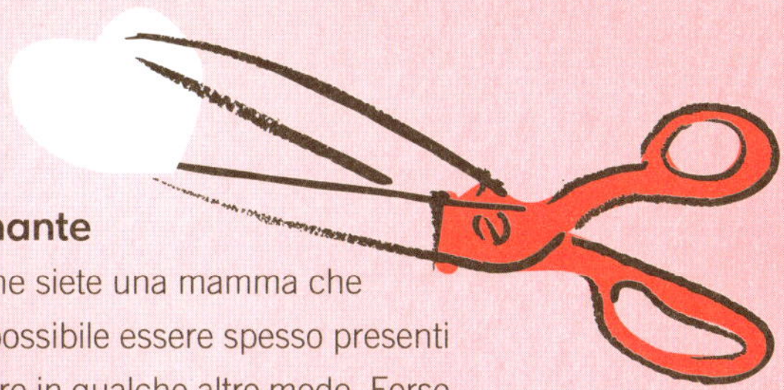

Tenetevi in contatto con l'insegnante

All'inizio dell'anno scolastico, spiegate che siete una mamma che lavora e che probabilmente non vi sarà possibile essere spesso presenti a scuola, ma che vi piacerebbe collaborare in qualche altro modo. Forse potete sfruttare la vostra abilità con le forbici la sera e preparare oggettini artistici o magari coordinare i volontari via e-mail. È importante inoltre scoprire in che modo l'insegnante preferisce comunicare. Alcuni amano aggiungere note ai compiti a casa; altri optano per la posta elettronica. E non esitate mai a sollevare qualunque timore possiate nutrire.

«... fare l'allenatore?». A meno che non abbiate un orario lavorativo flessibile, fare l'allenatore di una squadra per voi è un impegno troppo gravoso in termini di tempo.

Quello che potete fare. Proponete a vostro figlio di allenarsi in privato con voi. Andate al parco per farlo esercitare, poi portatelo con qualche compagno di squadra a vedere una partita e divertitevi.

«... essere capo gruppo?». Quasi tutti i bambini vorrebbero che la loro mamma fosse a capo di uno dei numerosi gruppi che svolgono attività extra. Sfortunatamente, gran parte delle riunioni si svolgono in un orario incompatibile con quello lavorativo.

Quello che potete fare. Offritevi di ospitare il gruppo a casa vostra un weekend. Programmate un'attività che tutti i membri siano in grado di svolgere, oppure organizzate un'iniziativa di beneficenza, per esempio una vendita di torte per raccogliere fondi destinati a bambini in difficoltà.

{da mamma a mamma}

«Come madre che lavora, la mia maggiore difficoltà è data dal fatto che le scuole funzionano come se tutte le donne fossero ancora mamme casalinghe. Forse all'inizio dell'anno scolastico dovrei semplicemente mandare un biglietto: "Mi dispiace, ma Mary Poppins non vive a casa mia. Se la vedete, mandatemela. Ho una vagonata di biancheria e piatti da lavare di cui potrebbe occuparsi mentre io sono al lavoro!"».

Quando rientrate tardi

Se siete costrette a restare qualche ora in più in ufficio, avrete probabilmente la sensazione di perdervi tempo prezioso in compagnia di vostro figlio. Anche lui sentirà la vostra mancanza, e state certe che ve lo farà sapere. Potete alleviare l'inevitabile disagio creando un rituale speciale riservato ai giorni in cui rincasate quando è già buio. Può essere l'invenzione di un nuovo capitolo della vostra storia speciale, quella che raccontate all'ora di andare a dormire. Oppure potete rannicchiarvi accanto a lui nel letto fino a che non si addormenta. Ciò che conta è trasformare il senso di privazione provato da entrambi in qualcosa di speciale.

Non colpevole

Attenzione ai momenti in cui sarete tentate di ipercompensare il senso di colpa: «Certo, resta ancora un po' a guardare la TV, prendi un altro biscotto, stasera va' pure a letto tardi»: tutto perché vi sentite colpevoli al pensiero di privare vostro figlio del tempo che avrebbe il diritto di trascorrere con voi. Se usate questi metodi, di sicuro il suo umore migliorerà in fretta, ma non imparerà a gestire le delusioni o le situazioni difficili.

Tutte noi vogliamo proteggere i figli dal dolore e dalla sofferenza, ma in realtà il nostro compito consiste nell'aiutarli ad affrontare l'intera gamma delle emozioni proprie degli esseri umani, comprese la tristezza e la collera. Piuttosto che offrire al bambino un'altra mezz'ora di TV, dategli quello che desidera davvero: la vostra attenzione. Incoraggiatelo a raccontare quello che è successo mentre voi eravate lontane e ricambiate nello stesso modo.

Sentirsi in colpa di tanto in tanto è inevitabile, ma il segreto sta nel vedere le cose nella giusta prospettiva. L'avete persa appena uscite di casa? Invece di sentirvi un fallimento vivente, ricordate a voi stesse che siete esseri umani. Pensate a come vi comporterete diversamente la prossima volta che si ripresenterà la stessa situazione, quindi spiegate a vostro figlio che ogni tanto le mamme commettono errori e hanno bisogno di una pausa, proprio come i più piccoli. Ve la caverete meglio in futuro.

L'arte di dire "no"

Le mamme che lavorano sono piene di risorse, creative e produttive. Molte tendono naturalmente a sovraccaricarsi di impegni così che, quando altri genitori chiedono collaborazione per la vendita dei libri usati o l'organizzazione della locale fiera autunnale, è facilissimo per loro acconsentire. Amano essere considerate madri che partecipano in modo attivo alle attività scolastiche dei figli, anche se hanno un lavoro impegnativo. Forse aspirano addirittura a essere percepite come genitrici modello. Ma la verità è che le mamme che lavorano devono imparare a dire di no con grazia. Esercitatevi dicendolo ad alta voce fin da adesso: «Vorrei tanto poter far parte del comitato per [riempite voi lo spazio vuoto] ma sono già pena di cose da fare». Ecco altre formule:

«Ti farò sapere».

Temporeggiate. A volte può risultare imbarazzante rispondere con un "no" diretto, quindi tentate con tattiche dilatorie quali: «Ti farò sapere» o «Lasciami consultare l'agenda [o il mio partner] e ti richiamo». Avrete così il tempo di rifletterci e decidere se l'attività in questione può trovare spazio nei vostri programmi.

Adottate la tattica «Non questo, ma quello». Proporre un'alternativa conferma il vostro coinvolgimento senza che dobbiate sbilanciarvi troppo: «Non ho il tempo di preparare i biscotti, ma sarò felice di portare piatti e bicchieri di carta».

«Lasciami consultare l'agenda».

Siate selettive. Decidete ogni anno quali istituzioni benefiche intendete sostenere e per quanti eventi potete offrirvi volontarie. In questo modo, quando riceverete dalla scuola una e-mail che vi propone di organizzare il picnic annuale o una collega vi chiederà di comperare la carta da regalo per la scuola di suo figlio, avrete già delle linee guida a cui ispirarvi. Diventa più facile dire di no se avete già detto di sì a qualcos'altro o progettate di collaborare in una diversa occasione.

Lasciate uno spiraglio. Se siete in dubbio ma desiderate essere di aiuto, potete tenere in sospeso la risposta dicendo che non pensate di poter dare una mano ma che, se qualcosa dovesse cambiare, ci proverete. In questo modo ogni eventuale contributo sarà un di più.

Quando bisogna mettere la cena in tavola

L'ora di cena si è rivelata essere un momento di grande tensione per molte delle madri che hanno partecipato al sondaggio di *Working Mother*. Sono emersi però alcuni suggerimenti per un pasto in famiglia riuscito. Qualche consiglio: arruolate partner e figli, cucinate qualcosa a sere alterne (negli altri giorni rimediate con avanzi e take away) e affidatevi a ingredienti surgelati (o preparati in anticipo) per contorni semplici.

«Vaporiera e pentola a pressione sono le mie migliori amiche».

«Cucino in quantità durante il fine settimana».

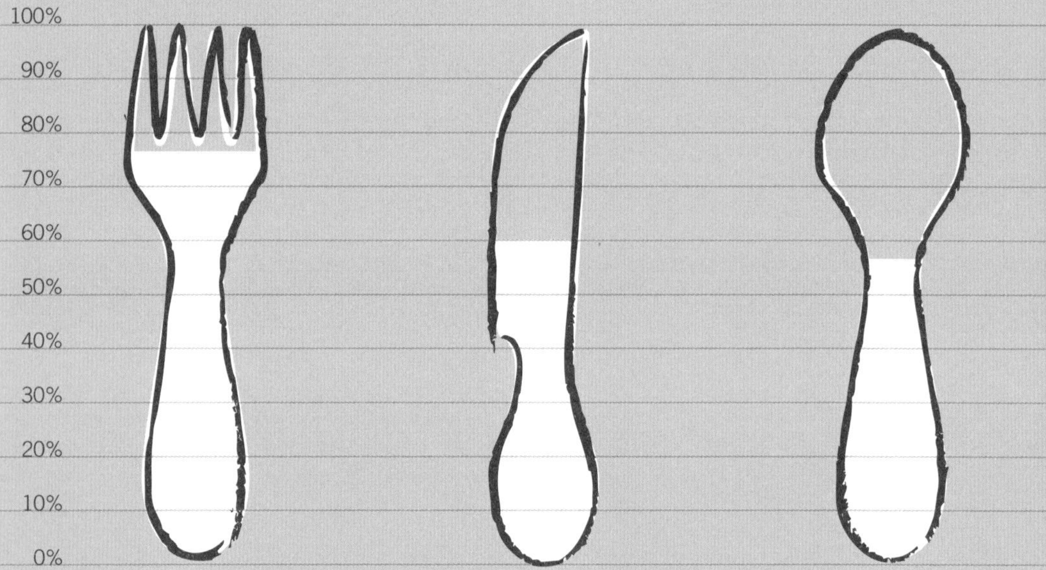

76%

Ho bisogno di qualche scorciatoia per far funzionare la mia vita così piena.

60%

Per mettere in tavola la cena, resto sul semplice oppure penso a pasti che posso cuocere in un quarto d'ora.

57%

Quasi tutte le sere ho la sensazione di essere troppo stanca per preparare una cena sana.

Riservate un po' di tempo al dolce far niente

Tutti hanno bisogno di riposo. Voi, i vostri figli, il vostro gatto. Tempo per fantasticare, divertirsi da soli, respirare un po'. Ecco alcuni suggerimenti:

Programmate. Stabilite, annotandolo sul calendario, un momento inderogabile (per esempio la domenica pomeriggio) che sia solo per voi. Declinate tutti gli inviti, dimenticate le faccende di casa e godetevi queste ore rilassanti.

Staccate le spine. Niente elettronica. È importante.

Uscite. Esplorate un parco che ancora non conoscete o una zona sicura nelle vicinanze. Non fatevi scoraggiare dal tempo.

Fate il nido. Accucciatevi sul divano. Statevene da sole (dedicatevi al sudoku, leggete, ascoltate musica) in pace e tranquillità. L'equivalente dei bambini che giocano fianco a fianco ma ciascuno per suo conto.

Fornite strumenti alla truppa. Insegnare ai vostri bambini a divertirsi da soli è essenziale, così com'è essenziale offrirne loro la possibilità. Fate affidamento su oggetti come abiti vecchi per mascherarsi, mattoncini Lego, pentole e padelle. Per un bambino ancora in età prescolare, una coperta può trasformarsi in mille cose diverse.

Spunta un nuovo giorno

Scopo del gioco è riuscire a rilassarsi, recuperare energie fisiche e soprattutto mentali. Se non ci sono risultati, avete sbagliato qualcosa.
Prima di posare la testa sul cuscino, la sera, rammentate due o tre cose che avete fatto nel modo giusto. È più facile di quanto crediate: i bambini sono puliti, al caldo e ben nutriti? Siete andate al lavoro e avete dato il vostro contributo? Se la risposta è affermativa, datevi una pacca sulla spalla e godetevi il meritato riposo... fino a quando, domattina, tutto ricomincerà.

{da mamma a mamma}

«Siate indulgenti con voi stesse: c'è un limite a quello che una sola persona può fare!».

7

Man mano che crescono

Quando sono piccoli, i vostri figli adorano la terra su cui camminate, vi baciano in pubblico e sono sempre pronti a festeggiare con voi i compleanni o le vacanze, o semplicemente il fatto che è lunedì e voi siete la Mamma! Poi arrivano gli anni della pubertà.

Tutto ha inizio con un «Sono troppo grande per questo...». Dimenticatevi i baci di saluto davanti alla scuola: è arrivata l'adolescenza. A quel punto, tutto cambia! Ci sono scambi di SMS e MMS, ore di studio, di allenamento e preparativi (per non parlare degli ormoni che impazzano). E una vita sociale così intensa che non riuscirete a capacitarvi di come vostro figlio riesca a fare anche qualcos'altro (ma ci riesce). L'unica persona per cui non avrà molto tempo siete voi.

Sì, sappiamo tutte che crescere significa imparare a essere autonomi, felici e responsabili. Sì, vogliamo che i nostri ragazzi siano tutto questo, ma portarli a quel punto non è sempre facile. E può essere duro astenersi dall'intervenire quando hanno bisogno di noi perché, ehi! siamo mamme! Ecco allora che una certa consapevolezza di quello che ci aspetta può essere di grande utilità. Considerate questo capitolo come un succinto elenco di appunti per la soluzione di alcune delle sfide che vi aspettano.

Incoraggiare l'autonomia

Incoraggiare i vostri ragazzi a essere autonomi non solo sarà loro di aiuto a lungo termine, ma gioverà a voi nell'immediato. Più cose imparano a fare da soli (o con il minimo aiuto), più crescerà la loro autostima. Che tale processo alleggerisca anche il vostro carico di responsabilità è (quasi) secondario. Prima comincerete a sviluppare in loro queste capacità, meglio sarà.

Iniziate presto. Se vostra figlia è ancora una marmocchia, limitatevi a incombenze semplici, come farvi aiutare a mettere via i giocattoli o a fare le pulizie. Naturalmente sarebbe più rapido se lo faceste voi, ma coinvolgerla (e farle capire che notate quello che fa) servirà a instillarle il senso di responsabilità.

Lasciategli scegliere i capi da indossare. Quando vostro figlio è all'asilo, permettetegli di vestirsi da solo. Lasciatelo libero di scegliere gli indumenti, ma chiedetegli di prepararli la sera prima. Soffocate l'impulso di criticare le sue scelte: è il sistema più efficace per privarlo della sensazione di avere ottenuto un successo. Cosa importa se ha le mutandine a rovescio?

Accettate le conseguenze naturali. Il gioco si farà un po' più duro una volta che i ragazzi andranno a scuola, ma anche in questo caso valgono le stesse regole fondamentali. Il vostro compito consiste nell'aiutarli a scoprire come farcela da soli, non nel fare le cose al loro posto. Per quanto riguarda i compiti a casa, per esempio, potete insegnar loro a organizzarli, oppure a stendere elenchi di cose da fare e a suddividere la mole di lavoro durante la settimana. Ma se una sera si ribellano e dichiarano che un altro minuto passato sul libro li ucciderà, ribattete che sta a loro decidere. Penseranno che ne è valsa la pena quando dovranno affrontare gli insegnanti senza aver fatto i compiti o dovranno studiare di più per il resto della settimana? Sperimentare le conseguenze negative è un modo efficace per imparare a compiere scelte. Dare ai figli l'opportunità di imparare dai propri errori è una delle vostre responsabilità maggiori.

Pronti... o no?

Una delle decisioni più ardue che i genitori si trovano a dover affrontare è quando lasciare i figli senza sorveglianza, che si tratti di giocare all'aperto, di andare a scuola senza accompagnatori o di restare a casa da soli. Sarebbe molto più semplice se esistessero linee guida universali da utilizzare in base all'età per capire se i nostri figli sono pronti per tutto questo. Ma il punto cruciale è la maturità, non l'età.

{ da mamma a mamma }

«Parlate con i vostri figli. Non hanno bisogno di guardare la TV o di comprare un sacco di cose. A volte, tutto quello che vogliono è la vostra attenzione».

Valutate il comportamento di vostro figlio. Segnali affidabili che è pronto ad avventurarsi da solo nel mondo: fa attenzione al traffico quando attraversa la strada invece di buttarsi senza guardare né a destra né a sinistra; rispetta i semafori e attraversa agli angoli delle strade e non a metà isolato. Detto questo, come regola generale, i ragazzini non sono pronti ad andare in giro da soli prima dei dieci anni circa.

Aggiungete al mix gli amici. Quando i vostri figli cominceranno a chiedere di uscire con gli amici, andateci piano e sottoponeteli a qualche test. Accompagnate vostra figlia e le sue amiche al centro commerciale, ma esigete che si facciano vedere ogni mezz'ora. È presumibile ipotizzare che i ragazzi non siano pronti a essere lasciati soli in gruppo fino all'età di dodici anni circa. Se poi vostra figlia si comporta in modo irresponsabile o immaturo, potrete abolire questi privilegi fino a quando non sarà più grande e dimostrerà maggiore assennatezza.

Lasciarli soli in casa. Se dovete sbrigare una commissione che richiede solo un quarto d'ora, avete con voi il cellulare e le porte di casa sono chiuse a chiave, potete lasciare vostro figlio solo fin da quando ha otto o nove anni, a condizione che la prospettiva non lo faccia sentire a disagio. Se invece prevedete una spesa che vi porterà via un'ora, l'età giusta potrebbe essere intorno agli undici. Solo quando va alle medie, un bambino dovrebbe essere autorizzato a tornare in una casa vuota dopo la scuola, e unicamente se ha dimostrato la maturità necessaria per chiudere a chiave la porta dopo essere entrato e fare i compiti senza che ci siate voi a sollecitarlo. Cominciate con un giorno alla settimana e aumentate la frequenza a mano a mano che riceverete risposte positive. Se avete in programma una serata fuori, tredici anni è un'età ragionevole per lasciarli soli. È del tutto possibile che la vostra incredibilmente responsabile undicenne sia pronta per passare un'ora da sola a casa, mentre il vostro quattordicenne dimenticherebbe il forno acceso e il rubinetto dell'acqua aperto mentre si diverte con la chitarra al piano di sopra. In questo caso, prestate ascolto al vostro istinto.

{da mamma a mamma}

«Mio marito e io ci facciamo consegnare i cellulari dai ragazzi alle 18.30 i giorni feriali, alle 21 il venerdì e il sabato e alle 20 la domenica. In questo modo gli impediamo di scambiare messaggi in continuazione e gli diamo il tempo di fare i compiti e svolgere i loro piccoli doveri domestici».

Come convincerli ad aprirsi

A mano a mano che i bambini entrano nella pubertà, anche la loro personalità può riempirsi di brufoli. Ci saranno giorni in cui il vostro dolce bambolotto vi snobberà in pubblico. Grugnirà più di quanto parlerà e il cartello "Vietato entrare" appeso alla porta non riguarderà soltanto la sua camera. Sforzatevi di ricordare che spesso i ragazzi non sono in grado di spiegare quello che provano, quindi il vostro compito principale sarà di prendere atto delle loro emozioni, dicendo per esempio: «Sembri preoccupato» e quindi ascoltare. Non liquidateli con troppa fretta e non giudicateli. Ecco come mantenere aperte le linee di comunicazione:

«Tu non capisci!».

Prestate ascolto anche alle sciocchezze. È un test per valutare se si possono fidare o meno a raccontarvi le cose importanti. Se vostra figlia blatera sul perché le lezioni di scienze fanno schifo, ascoltatela.

Non fate prediche. Avrete voglia di offrire consigli basati sul ci-sono-già-passata e così via: evitatelo. Gli adolescenti tendono a dare sfogo a emozioni e sentimenti. E non vogliono una predica ogni volta che lo fanno. Se vostro figlio dice: «Francesco è un imbecille» e voi rispondete: «Ehi, non parlare in questo modo!» la conversazione finirà lì. Provate piuttosto con: «Perché? Che cosa ha fatto?».

«La mia insegnante mi odia».

Aiutateli a trovare le risposte da soli. Spronateli a valutare le cose da prospettive diverse e a considerare tutte le conseguenze di un'eventuale azione. Poi lasciate che siano loro a decidere.

Scegliete il momento giusto. Non fate domande inopportune mentre ci sono gli amici di vostro figlio venuti a vedere la partita. Rimandatele a quando farete altro, per esempio mentre lavate i piatti insieme o lo riportate a casa dopo una partita (che la sua squadra ha vinto).

Scrivete. Quando la tensione è alta e desiderate porre fine alle ostilità, mettete per iscritto le ragioni per cui siete arrabbiate e frustrate. Lasciate la lettera nella stanza di vostro figlio e chiedetegli una risposta scritta. Esprimere in questo modo i propri sentimenti può risultare efficace: forse scoprirete che il problema non valeva tanta angoscia.

«Lasciami in pace!».

Attenzione allo stress adolescenziale

Molti ragazzi sono coinvolti in talmente tante attività da far apparire asociali perfino le celebrità più chiacchierate del momento. Ci sono la scuola, gli sport, il lavoretto part time, le lezioni di musica, la recita scolastica, i compiti... e l'elenco potrebbe continuare all'infinito. Così gli rimane ben poco tempo per rilassarsi ma hanno un sacco di possibilità di crollare per lo stress.

Fortunatamente, i vostri ragazzi hanno a disposizione la mamma, una sorta di guida in grado di aiutarli a fare cento cose alla volta senza perdersi. Dopo tutto, non avete fatto i salti mortali tra casa e ufficio per anni? Ecco un memento su come le vostre capacità lavorative possono essere loro di utilità:

Insegnate la gestione del tempo. La gestione del tempo è un'abilità che va appresa. Pescate a piene mani nel vostro arsenale di stratagemmi e mostrate a vostro figlio come si fa. Spiegategli come creare, in vista di un progetto importante, una tempistica da perfezionare prima della scadenza effettiva.

Spiegategli inoltre che quando si definiscono le priorità, è utile decidere quali sono le incombenze urgenti e quali quelle che possono essere posticipate. Il segreto sta nel concentrarsi su ciò che è davvero importante, anche se la scadenza non è prossima, e mettere in secondo piano ciò che importante non è, anche se ha un qualche carattere di urgenza. Quando li vedete arenati, incoraggiateli a chiedersi: «Qual è il passo successivo?».

Concentratevi su quello che fa. Il vostro capo non applaude dicendo «Ottimo lavoro!» ogni volta che spedite un'e-mail, quindi non esagerate con gli elogi. Commentate positivamente le iniziative che lo meritano, ma siate sincere (in caso contrario, se ne accorgeranno). Siate specifiche e parlate di quello che stanno realizzando invece che dei tratti del carattere che sfruttano per farlo. Per esempio, complimentatevi per la diligenza con cui vostra figlia si è impegnata in vista del test di algebra invece di dirle quanto è intelligente per averlo superato a gonfie vele.

Incoraggiate il senso di responsabilità. Nessuno sa meglio di voi che lavorare è un ottimo modo per acquisire senso di responsabilità. Non proteggete vostro figlio da situazioni negative, come un insegnante troppo severo, un datore di lavoro difficile o uno stipendio esiguo. Ascoltatelo quando parla di quello che prova, ma non intervenite né cercate di risolvere il problema. Lui è il solo in grado di modificare in meglio le circostanze, anche a costo di adattare il proprio atteggiamento.

Programmate il tempo libero. Nell'interesse della salute mentale di tutta la famiglia, pianificate su basi regolari una serata al cinema, una passeggiata nel parco o una domenica da passare in pigiama a poltrire. Se vostro figlio ha troppi impegni, lasciate pure che ne abbandoni qualcuno. Stabilite fin dall'inizio a quante attività può dedicarsi e lasciate il resto per il futuro.

Accantonate il perfezionismo. Una delle lezioni più importanti che potete insegnare ai vostri ragazzi è che non è possibile svolgere tutto alla perfezione. Certe cose vanno semplicemente fatte in modo da poter passare ad altre più importanti. E fallire va benissimo. La vita continua. Si impara qualcosa di nuovo. E si capisce cosa si dovrà modificare la volta successiva. Adottate un atteggiamento anti-perfezionismo rendendoli partecipi dei vostri momenti non-proprio-brillanti e spiegando come quelle esperienze vi hanno aiutato a crescere.

A proposito di soldi

Man mano che vostro figlio acquista maggiore indipendenza, diventa essenziale impartirgli qualche lezione sul denaro, e i debiti. Perfino un ragazzino è in grado di suddividere la sua paghetta in categorie: risparmio, spese, doni. Fate in modo che si abitui a mettere da parte i soldi per comprare qualcosa di particolarmente costoso, come un giocattolo o un videogame; in seguito gli sarà più facile risparmiare e capire il concetto di interesse composto. Se è un po' più grande, incoraggiatelo a guadagnare qualcosa, per esempio lavorando come babysitter o tagliando il prato dei vicini, e a cercare un impiego estivo.

{da mamma a mamma}

«Cercate di dare l'esempio quando si tratta di gestire con buon senso il tempo. Non cercate di affrontare e risolvere ogni singolo compito né fatevi coinvolgere in tutte le attività. I vostri figli impareranno che a volte dire di no è salutare».

Le trappole dei nuovi media

Finire nei guai o prendere decisioni non esattamente felici fa parte del processo di crescita e maturazione. Ma dato che la tecnologia può rendere gli errori permanenti (per non dire pubblici), noi genitori abbiamo un sacco di lavoro educativo e di monitoraggio da fare. Informate i vostri figli che controllerete le loro pagine su Facebook, i blog e i messaggi. Così ci penseranno due volte prima di postare qualcosa online. Sta solo a voi stabilire con quanta severità e frequenza monitorare le loro attività. Qui illustriamo alcune situazioni molto comuni e come gestirle.

Mio figlio non accetta la mia richiesta di amicizia su Facebook

Chiedetegli perché, e ascoltatelo. Se è per la sua privacy che teme, assicurategli che non lo metterete in imbarazzo postando sue fotografie da neonato, ma fategli sapere che di tanto in tanto controllerete la sua pagina. Una volta che avrà accettato la vostra amicizia, non sentitevi autorizzate a esaminare tutto quello che posta. Le regole sulla privacy permettono agli utenti di creare Liste di amici e ridurre l'accesso ai post. Per esempio, i ragazzi possono taggare le foto dell'ultima festa in modo che possano vederle "quelli della scuola" ma non chi appartiene alla lista "famigliari". Gli utenti possono inoltre escludersi dalle ricerche. Quindi il vostro adolescente può dirvi di aver chiuso la sua pagina, e le vostre indagini lo confermeranno, mentre la stessa pagina potrebbe essere ancora attiva per i suoi amici. Chiedete per prudenza ad amici di famiglia o a parenti di verificare se la pagina è stata effettivamente chiusa.

Un video imbarazzante rischia di restare in internet per sempre

Un video di Fido che fa una capriola è divertente da vedere su YouTube, ma assicuratevi che i vostri figli capiscano che non tutto è destinato a diventare pubblico. Parlategli del fatto che un volta caricato, un video rimane in rete. Potete eliminarlo, ma se sono stati in tanti a copiarlo, rimarrà nel cyberspazio per sempre. Tra i filmati che i ragazzi non dovrebbero mai caricare: video realizzati mentre erano ubriachi o impegnati in attività imbarazzanti, mentre blaterano su questioni delicate e controverse e (sembra incredibile, ma è successo) mentre commettono un furto. Una buona indicazione generale: se non vogliono che voi guardiate il video, allora significa che non dovrebbe esistere.

Mia figlia fa sesso virtuale?

Spedire messaggi e foto espliciti (il cosiddetto *sexting*) è una pratica comune fra gli adolescenti, ma con la tecnologia di oggi raramente contenuti di questo tipo restano privati. Come sapere, quindi, se vostra figlia fa *sexting* o è molestata dall'invio di foto inappropriate? Dovete convincerla a parlarne. Spiegatele che il *sexting* non è ammesso e perché può essere pericoloso, e aggiungete che spedire la foto di un nudo è un reato per cui è previsto il carcere. È successo in Alabama ad alcuni studenti delle medie che si scambiavano foto di loro stessi in costume adamitico. E non fa mai male imparare qualche abbreviazione, del genere MOS (*Mom over shoulder* - mamma legge al di sopra della mia spalla) e PAW (*Parents are watching* - i genitori controllano).

Mio figlio ha postato cosa?!

Un ragazzo ha possibilità illimitate di diffondere informazioni e di condividerne online, soprattutto se sa utilizzare Twitter, postare in siti come Facebook e rispondere a contenuti online. Forse vostro figlio ha perfino un blog tutto suo. Per proteggerlo e insegnargli la discrezione, stabilite delle regole. Ditegli di non condividere informazioni di carattere personale, come il nome completo, l'indirizzo e il numero telefonico. Ricordategli che tutto quello che condivide gli si può ritorcere contro. In futuro, potenziali datori di lavoro potrebbero svolgere un controllo su di lui e trovare dati imbarazzanti.

Guida distratta

La vostra figlia neopatentata sta andando in auto al centro commerciale e non vede l'ora di raccontare all'amica del cuore l'ultimo pettegolezzo. Manda messaggi o parla al cellulare e pratica altre attività che distraggono dalla guida. Secondo un recente sondaggio, un quarto degli adolescenti americani ha detto di aver scambiato sms mentre era alla guida; la metà di essere stata a bordo mentre era il conducente a farlo. È molto pericoloso. Date l'esempio astenendovi voi per prime da qualunque attività estranea alla guida. Chiedete a vostra figlia di mettere il cellulare nello zainetto o in una borsa chiusa con una cerniera, così da non avere la tentazione di usarlo mentre è ferma a un semaforo.

dice il sondaggio

Vostro figlio adolescente vi ascolta?

72%
A volte

19%
Sempre

7%
Di rado

2%
Mai

Come affrontare i problemi seri

Non è solo una sensazione: oggi, grazie ai media, alla tecnologia e all'enorme facilità di connessione che hanno con i coetanei, i ragazzi crescono molto più in fretta rispetto a quarant'anni fa. Di conseguenza, rischiano un'infinità di pericoli un tempo inesistenti. A complicare le cose, i problemi più seri (disturbi alimentari, droghe, alcol, ansia, depressione, bullismo, rapporti sentimentali, sesso) spesso si presentano con segnali molto simili, così che è più difficile capire qual è la questione in gioco e reagire. Fate attenzione a bruschi cambiamenti nella personalità, nel sonno e nell'alimentazione, nella scelta dei vestiti, nel modo di gestire il denaro o nell'umore, così come a esigenze maggiori ed eccessive di privacy e segretezza. Ecco alcune indicazioni per farsi trovare vigili e disponibili in caso di necessità:

Adottate la politica della porta aperta. Spiegate che se le questioni diventano "delicate", voi sarete lì per aiutare senza emettere giudizi. Specificate che questo implica l'andare a prenderlo in qualunque località e a qualunque ora.

Siate dirette. Anche se discutere apertamente di questioni scabrose come il sesso può essere fonte di disagio, farlo è essenziale. Non aspettate che sorgano i problemi: stabilite per tempo regole sulla guida, la forte influenza dei coetanei, le droghe e l'alcol, così che tutti abbiano chiaro cosa ci si aspetta da loro. Aiutate vostro figlio a trovare vie di uscita da una situazione difficile se qualcuno preme perché faccia qualcosa di pericoloso. Non dovete cimentarvi in alcun ruolo specifico, se sentite che non fa per voi, ma per calmare la sua ansia (e la vostra) cercate di suggerirgli parole utili per defilarsi da un contesto negativo.

Teneteli vicini. Gli studi indicano che gli adolescenti hanno maggiori probabilità di adottare comportamenti pericolosi se si sentono messi sotto esame dai loro pari. Incoraggiate i vostri figli a invitare gli amici a casa, in modo da avere la possibilità di conoscerli. Avere la banda in casa ha dei vantaggi indubbi, così come mantenere i contatti con gli altri genitori.

Dare in cambio. Le indagini hanno appurato che gli adolescenti che si impegnano nel volontariato anche solo un'ora la settimana hanno minori probabilità di precipitare in comportamenti distruttivi. Il volontariato è uno strumento utilissimo per far sentire un ragazzo stimato e apprezzato, per acquisire nuove capacità e una visione più realistica del mondo del lavoro. Date l'esempio e parlate a vostro figlio di quello che state facendo e perché.

Siate flessibili. Sul lavoro oggi è richiesta una grande flessibilità: occorre sapersi adeguare, entro certi limiti, alle esigenze dell'azienda. Lo stesso vale per gli anni della pubertà e dell'adolescenza. La nuova indipendenza di vostro figlio può essere ingannevole: i ragazzi di questa età hanno ancora bisogno dei genitori, soprattutto nei momenti più turbolenti. La vostra presenza può diventare perfino più importante man mano che vostro figlio cresce, il che significa adeguare i vostri orari lavorativi o perfino lavorare di meno fino a che la crisi non sarà passata.

Ricordate come eravate

La vostra bambina di otto anni ha chiesto (di nuovo) un cellulare tutto suo. Vostro figlio di dieci non vuole più la babysitter («Posso farcela da solo, mamma!»). E la quattordicenne della famiglia? Non sapete con sicurezza che cosa voglia, perché è da ieri mattina che non apre bocca. E tuttavia, nonostante sembri che oggigiorno i ragazzi vadano a mille, molte cose in realtà non sono cambiate: pressione a scuola, pressione da parte dei coetanei, amori non ricambiati, una voglia inesplicabile di ribellione... contro qualunque cosa.

Abbiamo lo stesso, difficile compito delle nostre mamme: crescere ragazzi forti, sicuri e indipendenti mentre combattiamo contro il desiderio di tenerli vicini il più a lungo possibile. Ci preoccupiamo. Soffriamo nel capire che non siamo più le loro migliori amiche. Ma tutto questo è giusto e naturale. Perché, alla fine, quello di cui i vostri figli hanno realmente necessità è qualcuno che stabilisca limiti, li protegga e li incoraggi. Hanno bisogno di un genitore, anche se non lo ammetterebbero neanche morti.

{da mamma a mamma}

«È importante che modifichiate le vostre aspettative mentre i ragazzi crescono. Ogni mamma deve pianificare la propria vita in base alla fase che i figli stanno attraversando».

8

Tecno time

Vi svegliate in piena notte e vi viene da controllare le e-mail di lavoro. Magari date anche un'occhiata alle ultime notizie dal mondo. O forse vi trovate all'estremo opposto: secondo voi a fare "tweet" dovrebbero essere solo ed esclusivamente gli uccellini. Il nostro obiettivo? Aiutarvi a trovare una via di mezzo.

La tecnologia, se usata in modo appropriato, è in grado di contribuire moltissimo a conciliare il ruolo di madre e quello di lavoratrice. Anzi, gadget come smartphone, portatili o tablet possono aiutare le mamme ad avvicinarsi a quello che tutte noi sogniamo: la possibilità di trovarsi in due posti contemporaneamente. Tenere i contatti tramite la tecnologia. Videochattare con vostro figlio quando siete in viaggio e mandare un sms a Laney per ricordarle di restituire i libri alla biblioteca. Tutto proprio come se foste lì. Un GPS nel cellulare di Tom vi permetterà di seguirne il percorso mentre torna a casa da scuola. Ciò che conta è fare in modo che siate sempre voi a controllare i gadget e non il contrario. Pronte a trovare il vostro felice posticino 2.0? Ecco come utilizzare la tecnologia per migliorare la produttività a casa come al lavoro.

Creare il vostro brand

Che cosa compare sul monitor di chi digita il vostro nome in Google? Se non siete rintracciabili da nessuna parte (o peggio ancora, salta fuori una detenuta che è quasi un'omonima) è arrivato il momento di lavorare un po' alla vostra presenza in rete. La verità è che futuri datori di lavoro e clienti vi cercheranno per vedere cosa riescono a scoprire. Mantenere un profilo professionale online è di conseguenza particolarmente importante per le mamme che gestiscono la loro attività da casa. Ecco come cominciare:

Elaborate per voi una tag line. Individuate ciò che vi distingue dalla concorrenza. Trovate un'etichetta che non si limiti a descrivervi, ma che indichi ciò a cui aspirate. Pensate al di là della vostra attuale qualifica professionale e concentratevi sui passi da intraprendere per arrivare a quella di cui vi piacerebbe un giorno fregiarvi. Se per esempio siete un program manager, potreste definirvi una "persona a cui rivolgersi per elaborare strategie".

Create un sito web. Un sito dedicato farà sì che potenziali clienti e datori di lavoro abbiano maggiore facilità a vedere le vostre credenziali e contattarvi. Se i nomi di dominio più ovvi appartengono già ad altri, scegliete un'alternativa che rifletta il vostro brand. Ecco dove sta il trucco: il vostro sito deve far percepire la vostra professionalità, ed essere aggiornato (in caso contrario, può risultare più nocivo che utile).

Realizzate un portfolio online. Oltre a pubblicare i vostri dati, caricate nel sito il vostro lavoro, includendovi eventuali articoli scritti e video di presentazione. Prendete inoltre in considerazione la possibilità di pubblicare testimonianze di clienti soddisfatti.

Promuovete il vostro brand con un blog. Per mantenere aggiornati sulle vostre competenze clienti e futuri datori di lavoro (e, in generale, chiunque sia interessato), aggiungete al sito un blog, ma fatelo *soltanto se* siete preparate a seguirlo. Poche cose fanno un'impressione peggiore di un blog che è stato aggiornato l'ultima volta sei mesi prima.

Costruitevi un pubblico. Potete riuscirci partecipando attivamente ad altri siti. Quando postate un commento su altri blog pertinenti, includete un link al vostro sito.

Il social network

Il sistema migliore per scoprire opportunità o collaborazioni professionali consiste nel crearsi una rete di conoscenze, sia di persona sia online. Oggigiorno sempre più aziende usano i social media per cercare collaboratori ed è imperativo che siate presenti.

{da mamma a mamma}

«Per alleviare lo stress, passo il tempo libero scrivendo nel blog le mie riflessioni sulla maternità e sui miei hobby preferiti».

Mamme 2.0

Nel XXI secolo, essere una mamma che lavora significa che avete accesso a ogni sorta di strumento tecnologico capace di rendere la vostra vita molto più gestibile. Ecco come la tecnologia può semplificarvi la giornata:

1 **Usate le applicazioni.** Ne esistono praticamente per ogni esigenza: fare la lista della spesa, monitorare i conti di casa, svagarvi mentre aspettate il vostro turno alle poste.

2 **Utilizzate i messaggi di testo.** Necessità di concordare chi va a prendere chi dall'allenamento di calcio o dalla lezione di violino? Scambiate messaggi con il partner per informarvi delle reciproche attività giornaliere.

3 **Programmazione.** Avete ancora bisogno di un calendario cartaceo per le attività della famiglia, ma disporne anche di uno condivisibile online aiuterà voi, il vostro partner e i figli abbastanza grandi a tenervi informati.

4 **Il GPS.** Quando vostro figlio è pronto per avere un cellulare suo, sceglietene uno con GPS incorporato in modo da poter "vedere" dove si trova. Alcuni sono addirittura in grado di dirvi a che velocità sta guidando.

5 **Usate il "mi piace".** Usatelo per i vostri negozi preferiti su Facebook o iscrivetevi alle loro mailing list per poter usufruire di sconti esclusivi. Siate selettive, tuttavia, per non dover sprecare tempo a fare la cernita di offerte che non vi interessano.

La presenza professionale. Partecipate ai social network con cui avete un collegamento personale, come associazioni di professionisti del vostro settore. Iscrivetevi inoltre a siti professionali più vasti, come LinkedIn. Assicuratevi che il profilo sia sempre aggiornato e accludete una foto e un link al vostro sito. Scrivete una breve presentazione accattivante (è una delle prime cose che gli altri utenti vedranno) e rendete pubblico il vostro profilo. Personalizzate il vostro URL in modo che sia facile condividere il link. Aggiornate con regolarità e valutate con attenzione i link che postate.

I confini personali. Sempre più aziende si commercializzano su grandi network sociali come Facebook. La chiave sta nello stabilire e mantenere confini precisi tra la vostra presenza professionale online e quella personale. Il metodo più semplice è avere due account, uno strettamente personale e uno strettamente professionale. Definite con attenzione gli ambiti di privacy dell'account personale e limitate i contatti a una cerchia ristretta di amici e famigliari di cui vi fidate.

Salve, navigatrice!

Andare online per fare shopping, chattare o leggere le ultime notizie è uno strumento di evasione fantastico. Ma, se non state attente, navigare può finire per succhiare il vostro tempo come un vampiro wi-fi. Un metodo facile per arginare un'ossessione sul nascere consiste nell'inserire in agenda il tempo che intendete trascorrere in rete. Dieci minuti al mattino, quindici all'ora di pranzo, trenta quando i ragazzi sono a letto, poi stop. Già dipendenti? Forse dovrete darci un taglio radicale (o quasi). Concedetevi un solo giorno per navigare: tutto qui. Il tempo da dedicare a Internet andrà rimandato a dopo che i ragazzi saranno andati a dormire e a quando il vostro partner sarà occupato da altro, e non dovrà superare la mezz'ora. Sopravviverete! Fidatevi di noi.

Siete fanatiche di Facebook? È certo uno strumento meraviglioso per riprendere i contatti, e mantenerli, con amici e parenti persi di vista da tempo, ma se non riuscite a ricordare l'ultima

{ da mamma a mamma }

«Stare lontana dalla tecnologia per una parte della giornata mi ha restituito moltissimo del mio tempo. Non mi ero resa conto di quanto potessero rivelarsi utili quei minuti guadagnati».

dice il sondaggio

Qual è l'ultima utile abilità tecnologica che avete acquisito?

50%
Pubblico post su Facebook

20%
Ho scaricato un'applicazione

12%
So inviare tweet

10%
Scrivo su un blog

8%
Ho comprato un iPad

volta che avete pranzato *vis-a-vis* con un'amica, forse è arrivato il momento di ritagliarvi degli spazi per invitare le persone che vi stanno a cuore. Stando ad alcune ricerche, vedere gli amici di persona può rendervi più sane e felici.

Un vantaggio aggiuntivo sta nel fatto che incontrarsi con le amiche vi permetterà di attingere dalla loro energia. Gran parte delle informazioni che riceviamo in una comunicazione faccia a faccia non si ricavano tanto dalle parole in sé quanto dal linguaggio del corpo, dalle espressioni del viso e dal tono di voce. Quindi procedete con l'aggiornamento del vostro profilo online ma usatelo anche come una chiamata all'azione. Fate sapere alla banda che nel pomeriggio sarete al parco con i ragazzi e che volete più compagnia possibile!

L'etichetta nelle e-mail

Quando ricevete una e mail che vi fa venire voglia di urlare (che sia un messaggio sgradevole del capo, un commento irritante del partner o una nota sarcastica della figlia adolescente) non schiacciate immediatamente il tasto "rispondi". Prendetevi un'ora prima di farlo. I messaggi di posta elettronica spediti quando si è in uno stato d'animo alterato sono quasi sempre da rimpiangere, quindi non pigiate "invia" fino a che non vi sentirete più calme.

E-mail o non e-mail

Tenete in considerazione la cultura dell'azienda nel decidere quando e quante e-mail spedire dal posto di lavoro.

Stabilite limiti. Se il vostro datore di lavoro pensa di potervi spedire e-mail ventiquattro ore al giorno, tutti i giorni, stabilire dei limiti diventa importante. L'obiettivo consiste nel bilanciare le richieste extra orario lavorativo e il tempo dedicato alla famiglia. Potete controllare che l'e-mail non tratti un'emergenza e rispondere nelle ore di lavoro o in momenti scelti da voi, per esempio una volta al mattino e una la sera. Una risposta automatica che informi che siete fuori ufficio è un ottimo strumento per far sapere ai colleghi che non siete disponibile.

Cinque cose da fare con le e-mail

La dura verità riguardo alle e-mail è che, una volta spedite, non si può più bloccarle: se avete sbagliato destinatario, scusatevi immediatamente. Per evitare simili inconvenienti, seguite questi suggerimenti:

IN ARRIVO

INVIATA

CHAT

BOZZE

CESTINO

1 Evitate le e-mail di pettegolezzi

Conoscete il detto: se non potete dire qualcosa di carino sul conto di qualcuno, allora non dite nulla. Parlare (e digitare) alle spalle altrui è una ricetta sicura per il disastro.

2 No a "Rispondi a tutti"

Anche se magari siete persuase che i genitori di tutti i compagni d'asilo di vostro figlio dovrebbero sapere che ora parteciperete alle riunioni, ripensateci. Fate in modo che l'elenco dei destinatari sia il più breve possibile.

3 Rileggete

Mai rimpianto di aver spedito affrettatamente un'e-mail? Prendetevi il tempo necessario per verificare i messaggi e controllate due volte i nomi dei destinatari.

4 Attenzione al tono

Per evitare equivoci sul tono usato, alla fine non trascurate i saluti e aggiungete un'emoticon cordiale. È facile interpretare in modo negativo quella che nelle intenzioni era una nota concisa e giudicarla fredda e ostile.

5 Aggiungete il destinatario solo alla fine

Lasciate in bianco la riga del destinatario fino a che non avrete controllato due volte ogni cosa. In alternativa, scrivete la risposta in un documento separato, poi procedete al copia-e-incolla.

Twitter a gogò

Se non avete un account su Twitter (e stando al nostro sondaggio, solo il 12 per cento di voi ce l'ha) è ora che ve ne creiate uno. Twitter è diventato infatti uno strumento professionale quasi indispensabile. Cominciate seguendo le aziende di cui volete sapere di più. Tweet (messaggi) creativi possono aiutarvi a instaurare rapporti con persone che magari in futuro vi offriranno il vostro prossimo incarico. Ecco alcune norme fondamentali:

1 **Perfezionate il vostro tweet.** Avete centoquaranta caratteri per divertire, informare... e annoiare gli altri. Usate il senso dell'umorismo e attenetevi ad argomenti che avete in comune con gli interlocutori, come un articolo o un convegno.

2 **Usate l'hashtag**. Si tratta semplicemente del cancelletto, da utilizzare prima di parole chiave pertinenti all'interno di un tweet, per categorizzarle. Fa sì che per altri utenti sia possibile visualizzare più facilmente il tweet.

3 **Retweet.** Se vi imbattete in un tweet che volete condividere, la funzione retweet ("RT") vi aiuterà a farlo. Citate l'autore originale con "@nomeautore".

4 **Procuratevi followers.** Essere followers di utenti in Twitter significa sottoscriverne i tweet. Tali utenti a loro volta spesso diventeranno vostri followers, quindi trovate il tempo di rispondere ad alcuni dei loro tweet.

5 **Ispiratevi a tweet efficaci.** Per scoprire che cosa funziona, date un'occhiata ai più popolari. Eccone uno buono: "Piena di pace e calma stamattina. Ho cercato questi sintomi in Google e ho scoperto di essere morta nel sonno».

Evitate di evitare. Quando per qualche ragione siete ai ferri corti con un collega, è possibile usare la posta elettronica per evitare contatti personali. Ricordate però l'importanza della comunicazione faccia a faccia. Se possibile, raggiungete il collega nel suo ufficio per risolvere la questione che ha causato il dissidio.

Siate rispettose. Quando si verifica qualcosa di tragico o avete cattive notizie, di norma non è appropriato usare una e-mail. Non licenziate qualcuno, non discutete di una malattia né fate le condoglianze tramite la posta elettronica.

Non aspettatevi privacy. Tenete sempre presente che le e-mail spedite dal vostro luogo di lavoro sono considerate proprietà dell'azienda e possono essere recuperate, esaminate e utilizzate in tribunale. Come regola generale, mai scrivere via e-mail niente che non vorreste che il vostro capo leggesse.

Attenzione alle e-mail personali. Proprio perché non volete che le e-mail di lavoro invadano il tempo destinato alla famiglia, è consigliabile rispondere a e-mail di natura personale fuori dall'orario lavorativo. È una soluzione che non sempre funziona per le mamme che svolgono la loro attività a casa. Alcune aziende hanno in proposito un atteggiamento più informale di altre ma, in ogni caso, sforzatevi di ridurre al minimo le e-mail di natura privata.

Smartphone-dipendenza

Smartphone (iPhone, BlackBerry, Android ecc.) scivolano nella borsa come moderni coltellini svizzeri. Sanno fare tutto: telefono, e-mail, agenda, macchina fotografica. E sono dispositivi salvavita per le mamme che lavorano e che grazie a loro possono restare in contatto con l'ufficio quando sono fuori e con la famiglia quando sono in ufficio o in viaggio. Aggiungete la musica, gli e-book, i giochi e le applicazioni e avrete possibilità illimitate di intrattenimento sempre disponibili. Però è un problema se vi scoprite incapaci di spegnerli o se il figlio ve li nasconde per avere la vostra attenzione. Ecco come disintossicarsi:

{da mamma a mamma}

«Mettete via lo smartphone quando arrivate a casa. Ve lo assicuro, il lavoro sarà ancora lì ad aspettarvi domattina».

dice il sondaggio

65%
Non limita il tempo davanti a uno schermo.

71%
Limita il tempo che i figli passano davanti a uno schermo.

Stabilite dei limiti. Vi scoprite a controllare la posta elettronica ai semafori rossi, in chiesa, o mentre giocate con i vostri figli? È arrivato il momento di fissare dei limiti. Spegnete il cellulare per un determinato periodo di tempo, diciamo mezz'ora, e un po' alla volta cercate di prolungarlo sempre di più.

Stabilite il tono. Se siete una manager, rispettate il tempo privato dei dipendenti e inviate loro e-mail solo in orario lavorativo. Se proprio non vi è possibile, indicate nella riga "oggetto" se l'e-mail è "urgente", oppure "rispondere entro ventiquattro ore".

Individuate le priorità. La vostra famiglia vi dice che è stanca di dividervi con un dispositivo elettronico? Non fate che girare intorno al computer perché aspettate un'e-mail importante? Fate un'autoanalisi sincera su ciò che più conta nella vostra vita.

Legami famigliari più forti

I siti come Facebook possono aiutarvi anche a essere un genitore migliore. Dimostrate alla vostra piccola quanto apprezzate la sua collana di maccheroni, pubblicandone la foto. Postate messaggi incoraggianti a vostro figlio adolescente: «È stato un tiro straordinario». Attente però a non esagerare.

I social media possono aiutare i vostri figli a restare in contatto con voi quando siete fuori città per lavoro. Usate le applicazioni basate sul GPS per verificare le varie ubicazioni, e loro potranno seguire gli spostamenti della mamma. Caricate foto in modo che vedano dove alloggiate e quello che avete visto di nuovo. Questa è anche una grande occasione per videochattare («Guarda, c'è la mamma in TV!»).

Caricate brevi filmati, scannerizzate le opere d'arte dei bambini e postate foto in modo che i nonni abbiano la sensazione di vivere di fronte a voi. Vostra figlia che va alle elementari potrà scrivere nella bacheca della zia Paola per farle sapere come vanno le lezioni di danza, ma risparmiate ai colleghi i particolari della pagella di Laura, limitandovi a taggare solo la vostra famiglia.

La tecnologia e i vostri figli

A che età i bambini dovrebbero avere il loro primo cellulare o portatile oppure essere autorizzati a usare l'iPad? Di fatto, non è questa la vera domanda, perché la risposta dipende interamente dalla maturità che dimostrano e dal loro sviluppo emotivo, così come dai vostri princìpi. Ecco una breve disamina dei segnali incoraggianti:

Cellulari. Quando vostro figlio è in grado di spostarsi da solo, dovrebbe essere anche in grado di gestire un cellulare. Nondimeno, c'è ancora bisogno che lo teniate d'occhio e specifichiate le persone che può chiamare e se o con quale frequenza inviare e ricevere messaggi.

Portatili. Non c'è niente di male nell'affidare un computer a un bambino in età prescolare, a condizione che limitiate il tempo di utilizzo e il genere di contenuto a cui ha accesso.

iPod ed equivalenti. Qualunque bambino con difficoltà a gestire il tempo necessita di regole chiare e limiti severi quando si tratta di ascoltare musica. Creare playlist è un'attività che porta via molto tempo. Se avete un figlio responsabile, lasciate che si sbizzarrisca. In ogni caso, attenzione agli auricolari: aumentano il rischio di danni all'udito.

La tecnologia è una delle migliori amiche della mamma

Lo scopo essenziale di tutti questi dispositivi tecnologici sta nel facilitarci l'esistenza, non nel complicarla. Se ci pensate, è meraviglioso che ora possiate ammirare il vostro piccolo da migliaia di chilometri di distanza e leggergli una favola, seguirlo mentre torna a casa da scuola e sapere dov'è o dove dovrebbe essere, oppure mandare un messaggio ai figli adolescenti per sapere a che ora torneranno e ricevere quasi istantaneamente risposta. Tutto quello che dovete fare è tenere d'occhio voi stesse. Se la perdita dello Smartphone rientra nella categoria de "Le cose peggiori che potrebbero accadere", allora è arrivato il momento di rivalutare il vostro atteggiamento.

{ da mamma a mamma }

«Usate la tecnologia a vostro vantaggio. Giocare con l'iPad insieme ai vostri bambini vi aiuterà a comunicare con loro una volta che saranno su Twitter».

Nishan

9

Vivere ora

Per le mamme che lavorano, le settimane, i mesi, perfino gli anni volano via senza che abbiano la possibilità di tirare le somme. Con così tante cose da seguire, si attiva il pilota automatico nella speranza di fare tutto il necessario, mantenendo intanto una parvenza di sanità mentale al lavoro come a casa. Non c'è niente di male nel comportarsi così, ma di tanto in tanto occorre esaminare la propria vita, per poter eventualmente correggere il tiro.

Prendetevi una settimana o un mese (quando non siete stanche o stressate) per analizzare a che punto è la vostra carriera. Siete soddisfatte? I vostri figli lo sono? E il vostro partner, se ne avete uno? La risposta può sembrare ovvia, e se è un "sì" deciso, è fantastico. Se invece è un "no", allora è tempo di riflettere e dedicarsi a raccogliere informazioni.

Parlate con i famigliari, compresi i figli abbastanza grandi per avere voce in capitolo. Acquisite una prospettiva nuova e diversa discutendone con un'amica o un consulente professionale. L'obiettivo, come sempre, sta nel trovare il giusto mix fra lavoro e tutto quello che vi garantirà la felicità che meritate. Con il 71 per cento delle mamme intervistate da *Working Mother* a sostenere di sentirsi lacerate fra il lavoro e la famiglia, l'aiuto non arriverà mai abbastanza presto. Questo capitolo vi offrirà gli strumenti, le strategie e i suggerimenti di cui avete bisogno per arrivare al punto a cui volete arrivare.

Prendersi un po' di tempo libero

Per alcune di noi, il lavoro perde il suo fascino con l'arrivo di un figlio e scopriamo di desiderare di restare a casa, anche se prima eravamo certe che saremmo tornate prestissimo in ufficio. O forse vostro figlio adesso è alle medie e ha maggiormente bisogno di voi. Perdere momenti preziosi con lui può essere perfino peggiore quando la situazione in ufficio non è esattamente piacevole oppure il lavoro troppo gravoso. Se state attraversando un momento professionale difficile, forse dovreste considerare la possibilità di modificare qualcosa o prendervi un po' di tempo. Prima di scoppiare in lacrime quando Marco dice una parola nuova prima alla maestra del nido che a voi, valutate con onestà la situazione. Chiedetevi:

Quell'erba è davvero più verde? Sperimentate la vita di una mamma casalinga in un momento in cui la famiglia non è in vacanza o in viaggio. Scoprite la noia di una normale settimana trascorsa in solitudine con il piccolo. Oltre che esauste, come vi sentite? Pronte a continuare? Oppure ansiose di tornare in ufficio?

Che cosa posso cambiare? Valutate i vostri orari lavorativi, il carico di lavoro, il tempo libero e lo stipendio. Domandatevi cosa vi impedisce di amare l'incarico che ricoprite. Avete la possibilità di ottenere un incarico diverso all'interno dell'azienda? Assumere un collaboratore? Chiedere un anno sabbatico?

Che cosa perderò? Esaminate le prospettive di mercato nel vostro campo e parlate con altre mamme che hanno optato per stare a casa. Chiedete fino a che punto è stato difficile riprendere le fila della loro carriera dopo una pausa. Scoprite che cosa significherebbe un periodo di sospensione per il vostro potenziale di guadagno una volta tornate al lavoro.

La nuova faccia della flessibilità

Fatte le vostre riflessioni, tirate le somme. Se risulta che stare a casa non è l'opzione migliore per voi, esaminate la possibilità di una diversa impostazione del vostro attuale rapporto di lavoro:

{ da mamma a mamma }

«Non dubitate di voi stesse se siete madri single, e non abbassate i vostri standard. Dopo il divorzio, io sono tornata a scuola (e questo, mentre lavoravo a tempo pieno) quando il mio bambino aveva due anni. Sono così stata in grado di trovare un posto migliore e alla fine di lavorare da casa e godermi l'adolescenza di mio figlio».

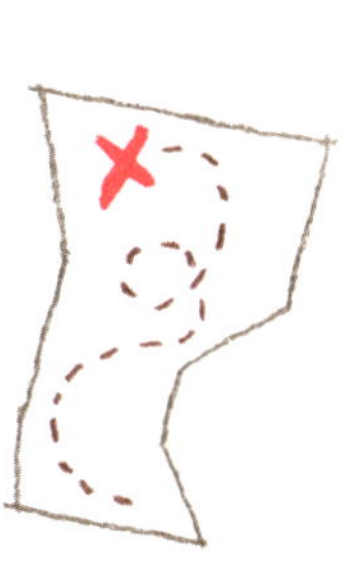

dice il sondaggio

Avete chiesto l'orario flessibile o il part time allo scadere del congedo per maternità?

64%
No

36%
Sì

Orario flessibile. I datori di lavoro che optano per la flessibilità sanno che un orario lavorativo uguale per tutti non sempre si adatta ai vari dipendenti e in particolare a chi è genitore. I dipendenti con orario flessibile godono di un certo margine di autonomia nella pianificazione della giornata lavorativa, come per esempio la possibilità di essere in ufficio alle sette del mattino e restarci fino alle tre del pomeriggio, invece di rispettare il consueto orario nove-cinque. C'è spesso un periodo nell'arco del giorno in cui i dirigenti vogliono che tutti i collaboratori siano presenti per riunioni e incontri, di solito fra le 11 e le 15, ma per il resto in genere è possibile adattare l'orario lavorativo alle proprie esigenze.

Compressione della settimana lavorativa. È una formula che consente ai dipendenti di lavorare più a lungo in giorni prestabiliti in modo da avere più tempo libero negli altri. Per esempio, potete lavorare dieci ore per quattro giorni e avere liberi i venerdì. Un'intera giornata libera durante la settimana percependo lo stesso stipendio offre innumerevoli vantaggi, soprattutto se il tragitto casa-lavoro vi porta via molto tempo. Avreste la possibilità di sbrigare commissioni e andare ad appuntamenti. E vi rimarrà più tempo per divertirvi con la famiglia nel weekend.

Telelavoro. Vale a dire lavorare da casa. È una formula che garantisce ai lavoratori la possibilità di collegarsi con l'ufficio praticamente da qualunque luogo. L'idea di fondo è che il lavoro è qualcosa che fate, non necessariamente qualcosa che richiede spostamenti. Una volta che vi sarete dimostrate affidabili e zelanti (è ovvio, lo siete!) i vantaggi per voi saranno numerosi.

Divisione del lavoro. Permette a due persone di spartirsi un incarico e uno stipendio. Potete lavorare ciascuno mezza giornata, a giorni alterni o dividere in due la settimana. Trovare il partner ideale è naturalmente di importanza cruciale, ma quando funziona, funziona davvero. E dato che disponete di un partner affidabile, non vi succederà quasi mai di essere chiamata a lavorare il vostro giorno di libertà.

Come rendervi indispensabili

Se avete la fortuna di avere un buon posto di lavoro, cercherete di tenervelo stretto. La chiave sta nel far credere al vostro superiore che non può sopravvivere senza di voi. Ecco come riuscirci:

1

Siate attive sui fattori chiave

Siate quella a cui ci si rivolge per nuove idee su come risparmiare denaro. La ricchezza di risorse che viene dalla maternità vi dà una marcia in più!

2

Compensate i difetti del vostro capo

Fate fare bella figura al vostro capo compensando i suoi difetti. È disorganizzato e arriva spesso in ritardo? Siate super-organizzate, puntuali e ricordategli (gentilmente) le scadenze da rispettare.

3

Cercatevi nuove mansioni

Ci sono sempre lavori importanti che nessuno vuole, come per esempio scrivere la relazione sui meeting. Quando ne avete la possibilità, accrescete la vostra visibilità facendovene carico.

4

Siate una centrale di informazioni

Tenete elenchi di contatti che abbiano importanza per la vostra azienda. Aggiornateli spesso e diventate la persona a cui rivolgersi quando qualcuno cerca il numero di come-diavolo-si-chiama.

5

Uscite allo scoperto

Se volete acquistare visibilità, passate del tempo faccia a faccia con chi lavora in azienda. Integrate le e-mail con telefonate e capatine nei vari uffici.

Lavorare da casa e fare bene tutto ciò che va fatto

Che lavoriate da casa solo di tanto in tanto o che si tratti di un'occupazione a tempo pieno, c'è molto di buono da dire sulla libertà di non dover andare in ufficio. Basta con il pendolarismo. Basta con la schiavitù degli orari. Ma il telelavoro ha anche un rovescio della medaglia. Date un'occhiata ad alcune delle controindicazioni e alle soluzioni proposte:

1 Distrazioni, distrazioni, distrazioni

Dato che molti uffici casalinghi non sono altro che una scrivania e un portatile in una stanza che spesso svolge anche un'altra funzione, è facile farsi distrarre dalle faccende di casa da sbrigare. Ricordate che non siete pagate per attività extralavorative.

Che cosa fare: usate librerie, tende e paraventi per delimitare fisicamente la vostra zona lavoro. In questo modo vi riuscirà più facile mantenere la concentrazione.

2 L'isolamento

Un sacco di persone prosperano nelle dinamiche sociali di un ufficio e voi non potete sapere come reagirete al cambiamento. Il telelavoro comporta un ulteriore svantaggio: rischiate di restare escluse da sedute improvvisate di brainstorming o meeting per la gestione di una crisi, assenze che possono danneggiarvi.

Che cosa fare: instaurate rapporti solidi con altre persone che lavorano da casa. Organizzate colazioni con quelle che abitano più vicino e tenetevi sempre in contatto con i colleghi. Fatevi sentire spesso per essere aggiornate sulle novità.

3 Le interruzioni

Proprio come in ufficio, dovete ancora vedervela con persone che si fanno vive nei momenti più impensati. Sfortunatamente, la formula «mamma sta lavorando» non impedirà ai vostri figli di chiedervi dove sono finite le loro calze.

Che cosa fare: addestrate la famiglia a capire che la vostra presenza a casa non significa necessariamente che siete disponibile. Stabilite delle linee guida, come per esempio, non interrompervi a meno che non si tratti di una questione urgente, non toccare l'attrezzatura dell'ufficio e non fare troppo rumore.

4 Prorogare

Senza un capo a soffiarvi sul collo, potete lavorare secondo i vostri ritmi, coltivare autentici colpi di genio e lasciar sbizzarrire la vostra creatività. Ma rimandare può anche diventare pericoloso.

Che cosa fare: createvi una tabella di marcia personalizzata e cercate di sviluppare l'autodisciplina. Concedetevi delle pause dalla posta elettronica. Forse avrete la necessità di stabilire una routine più strutturata rispetto a quando lavoravate in ufficio. E ricompensatevi quando rispettate i tempi.

5 La dipendenza dai gadget

Forse vi scoprirete a controllare continuamente i vostri strumenti tecnologici per timore di restare escluse dal giro. Il problema è che questo impulso si ripercuote sul tempo destinato alla famiglia.

Che cosa fare: concedetevi una pausa dalla posta elettronica. Informate i colleghi che non la controllerete mentre lavorate a un progetto e che in caso di novità possono telefonarvi.

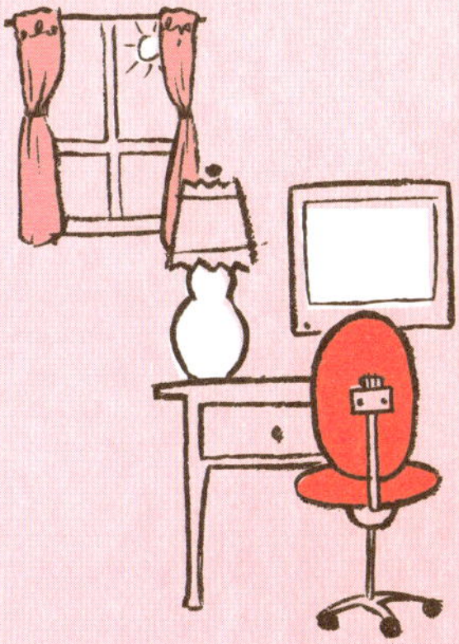

Cosa c'è di fantastico (e cosa no) nell'essere una mamma che lavora

Ci sono moltissimi aspetti da amare in questa scelta di vita, ma non c'è nulla che non presenti almeno qualche risvolto negativo. A condizione che i pro superino i contro, siete sulla strada giusta! Date un'occhiata al numero di mamme da noi intervistate che si sono dette d'accordo con le seguenti dichiarazioni:

Cosa c'è di fantastico

84%
Lavorare con persone creative

80%
Offrire un ottimo esempio ai miei figli

62%
Avere una carriera significativa

58%
Essere finanziariamente indipendente

57%
Avere una vita mia a prescindere dai figli

56%
Realizzarmi professionalmente

I risvolti negativi

92%
Non poter disporre di un numero sufficiente di ore durante la giornata

79%
Sentirmi stressata perché ho così tante cose da fare

71%
Sentirmi divisa tra lavoro e famiglia

66%
Non essere sempre disponibile per i bambini

Proponetevi per incarichi che non vi competono

Può essere utile accollarsi un incarico che in senso stretto non rientra nelle vostre competenze. Offritevi volontarie per un progetto ad alto profilo o un breve incarico in un ambito diverso dal vostro. Se siete inclini a continuare a lavorare, un'iniziativa che arricchisca le vostre capacità può risultare stimolante. Però, se siete già oberate, non è il momento di assumersi altri impegni. Fate il possibile per mantenere sotto controllo l'attuale carico di lavoro e rimandate certe iniziative a tempi più favorevoli. Non date automaticamente per scontato che avete troppo da fare per assumervi un'altra responsabilità. Guardatela piuttosto come un'opportunità per poi negoziare un orario migliore, un incarico più adatto a voi, una retribuzione più elevata. Considerate che uno stipendio più alto può significare possibilità migliori per vostro figlio, come un nido particolarmente qualificato.

Quando cercare un nuovo lavoro

Dopo parecchi anni, il vostro capo vi chiama ancora Alessandra invece di Alessia. Non capisce perché vorreste restare a casa se vostro figlio ha la congiuntivite. Dipendenti assunti dopo di voi ottengono promozioni. Siete annoiate. Siete furiose. State cominciando a darvi malate sempre più spesso. Indovinate un po'? Sembra proprio il momento giusto per mettersi alla ricerca di un altro lavoro. Prendete però in esame questi metodi per avviare il nuovo progetto:

Indagate. Mettetevi discretamente in contatto con tutti quelli che conoscete, da altri genitori che incontrate al corso di nuoto a ex compagni di scuola. Parlate del genere di lavoro a cui ambite e della vostra disponibilità a nuove opportunità. Chiedete i nomi di altre persone che potrebbero aiutarvi. Attenzione poi a non trascurare i nuovi contatti.

Modificate il vostro CV. Aggiornate e perfezionate il curriculum vitae assicurandovi di non farne solo un elenco di mansioni espletate. Dimostra che siete un collaboratore prezioso? Mette in risalto tutti i benefici di cui un'azienda godrà assumendovi?

{da mamma a mamma}

«Il primo giorno che sono tornata al lavoro dopo il congedo per maternità, ho dato le dimissioni. Volevano che partissi per un viaggio di lavoro di una settimana l'indomani».

{ da mamma a mamma }

«Instaurate contatti con altre mamme che lavorano e formate una rete di sostegno per condividere problemi e consigli. È probabile che quelle donne si trovino nella posizione ideale per aiutarvi nella carriera così come nel mantenimento del vostro equilibrio mentale».

Esplorate. Pensate in modo strategico al passo successivo. Volete un lavoro simile a quello che svolgete attualmente o vi piacerebbe cimentarvi in altri campi? Qual è la scelta migliore per la vostra famiglia? Riflettete su opzioni sia a breve sia a lungo termine.

Siate sicure di voi nei contatti

Alcune persone sono capaci di agganciare il capo del loro capo con la stessa facilità con cui abbordano un genitore appena arrivato a una riunione dell'Associazione genitori e insegnanti. Altre, invece, devono lavorarci, ma è uno sforzo che vale la pena fare, soprattutto se puntate a un cambiamento. Padroneggiare l'arte della conversazione è essenziale nel mondo del lavoro. Può aiutarvi ad allargare la cerchia di conoscenze e procurarvi un sacco di gente disposta a darvi una mano. Se siete timide, provate a seguire questi suggerimenti:

- Pensateci per tempo. Se avete preparato una battuta arguta da pronunciare dopo le presentazioni, vi sentirete meno ansiose.
- Tenetevi aggiornate su quanto succede nel mondo e sui bestseller. Guardate i film di maggior successo e seguite un paio di episodi dei programmi televisivi più popolari. Verificate cosa va per la maggiore su YouTube e Twitter. Fate in modo di essere competenti in fatto di ristoranti trendy, spettacoli teatrali e mostre. È tutto materiale utile per la conversazione.
- Esercitatevi. Chiacchierate con la cassiera del supermercato, con l'anziano in coda davanti a voi all'ufficio postale, con l'adolescente nella sala d'attesa del medico. Se vi abituate a fare conversazione spicciola con persone che non vi intimidiscono, diventerà più semplice chiacchierare del più e del meno con quelle che invece vi incutono soggezione.
- Prendete appunti. Quando ascoltate una battuta o una storiella divertente, oppure il vostro bambino dice qualcosa che fa morire dal ridere, o ancora vi raccontano un aneddoto fulminante, catturatelo sulla carta.

Come ricavare il massimo da un lavoro che amate

In questo capitolo ci concentriamo sul cambiamento, ma ci sono tante mamme lavoratrici che amano sinceramente il proprio lavoro e non desiderano altro che crescere all'interno della società in cui operano. La buona notizia è che una su quattro delle madri che abbiamo intervistato può contare su mentori in grado di offrire loro consiglio e guida. Alcune aziende stanno approfondendo questo concetto grazie agli sponsor, dirigenti di alto livello con l'influenza e la voglia di coltivare e far avanzare i loro protégé. Ecco come trovare un mentore o uno sponsor:

Tenete in conto le affinità. Valutate la vostra personalità e le tipologie di insegnanti con cui vi è piaciuto lavorare. Siete attratte da individui con elevati livelli di energia o preferite intelletti più calmi e discreti?

Siate strategiche. Cercate una persona disposta a insegnarvi molto piuttosto che un soggetto poco empatico con una qualifica però più elevata e prestigiosa. Seguite il consiglio che dareste a vostro figlio quando ai giardini cerca un compagno di giochi.

Fate girare la voce. Chiedete alle persone che fanno parte della vostra rete di supporto. Non abbiate preclusioni in fatto di sesso, distanza, e perfino settore lavorativo. Alcuni dei consigli più utili potrebbero arrivarvi proprio da chi ha una prospettiva diversa.

Siate creative. Stabilite chi è la persona più in gamba che conoscete, invitatela a colazione e fatela parlare dei suoi mentori. Chiedetele se conosce qualcuno che potrebbe andare bene per voi.

Non ponetevi limiti. Andate alla ricerca e circondatevi di persone di successo che siano disposte a offrirvi consigli e informazioni. Pensate a questo gruppo come al vostro consiglio di amministrazione.

dice il sondaggio

Come descrivereste il vostro atteggiamento nei confronti del lavoro?

56%
Ho una carriera

44%
Ho un lavoro

Come salvare un colloquio di lavoro non entusiasmante

Avete ottenuto un colloquio per un lavoro da favola. Siete pronte. Avete fatto ricerche sulla società e siete state ragguagliate da un amico che ci lavora. Siete vestite in modo impeccabile, ma il tizio che vi ha ricevute dà l'impressione di leggere il vostro CV per la prima volta e non sembra colpito. Ecco come recuperare:

Tenete a mente l'obiettivo. Non avete davvero bisogno di ottenere subito il posto, ma di farcela al giro successivo di colloqui.

Svegliate il vostro interlocutore. Buttate lì una frase che ne catturi l'attenzione. Tornate quindi all'argomento principale e illustrate un progetto in cui avete brillato.

Agite da politico. Avete figli, sapete come funziona: se vi viene posta una domanda di cui non conoscete la risposta, cambiate argomento: «È un'ottima domanda. Mi ricorda come ho portato alla mia società il cliente più importante».

Mostratevi sicure. Non è tanto quello che dite a contare, ma come lo dite. Davanti a una domanda particolarmente ostica, rispondete: «Non lo so, ma sono una che impara in fretta».

Date le dimissioni senza bruciarvi i ponti alle spalle

Fiato alle trombe! Avete ricevuto un'offerta che sarebbe impossibile rifiutare. È arrivato il momento di comunicare la notizia al vostro capo. Esiste una strategia per andarsene senza lasciarsi alle spalle porte sbattute, o chiuse a chiave per sempre:

Fate attenzione quando spiegate perché ve ne andate. Dire: «Mi è capitata un'opportunità talmente fantastica che non posso ignorarla» è accettabile. Dire: «Ho trovato un superiore che non è un narcisista incompetente» non lo è.

Siate flessibili per quanto riguarda gli ultimi giorni. Date un preavviso di almeno di due settimane: è consuetudine ed è professionale. Se anche il nuovo datore di lavoro insiste perché ve ne andiate prima, non cedete. Lasciare l'ex capo nelle difficoltà non è una buona mossa. Se ve ne andate perché avviate un'attività vostra o avete scelto di fare la freelance, il vecchio superiore potrebbe diventare il vostro primo nuovo cliente! Cercate di trovare un po' di tempo fra i due incarichi per ricaricare le batterie e stare con i bambini.

Restate in contatto. I colleghi e dirigenti sono persone che sanno quanto siete brave in quello che fate. Invitateli a pranzo. Incontrateli per un caffè quando vi è possibile. L'obiettivo è costruire una solida rete di amicizie ai piani alti.

Fare la pace con il cambiamento

Prendersi del tempo per riflettere su come procedono le cose a un livello più profondo può fare un po' paura, soprattutto quando vi rendete conto che è arrivato il momento di cambiare. Ma sapete una cosa? È anche un'avventura e quella sensazione di non-sapere-cosa-succederà-dopo può rivelarsi molto eccitante, se non la contrastate. Quando sentite che il cuore comincia a battere troppo in fretta, fate un respiro profondo e ricordate che quella che avete di fronte è una splendida opportunità.

A dispetto di tutte le incertezze legate a una nuova vita lavorativa, di solito si capita quasi sempre in un luogo migliore. È sperabile che vi apparirà ovvio quando ci arriverete, per esempio scoprendo che il nuovo capo è una persona sorprendente a cui importa quello che avete da dire e lavora sodo per mantenere motivata la sua squadra. Oppure constatando (insieme con il vostro superiore) che la prova da voi proposta di divisione del lavoro o di telelavoro sta funzionando alla grande. Altre volte, invece dovrete farvi largo tra qualche rovo e qualche ostacolo prima di capire che siete arrivate.

Ciò che conta è che siete uscite da una situazione negativa e ne avete creata una migliore. L'obiettivo consiste nel trovare una direzione professionale che vi faccia sentire motivate, ispirate e soprattutto, felici.

{da mamma a mamma}

«Non conservate il lavoro solo perché "è sicuro" se non siete soddisfatte. Se vi rende infelici, buttatevi e cercatene un altro».

Nishan

10

Come lavorare ovunque

Le mamme stanno ridefinendo il concetto di "madre lavoratrice". Scomparsa la donna in tailleur blu scuro rintanata nel suo ufficio dalle nove alle cinque. Al suo posto, vediamo di tutto, da analiste finanziarie con tacchi a spillo a Wall Street a designer di gioielli con piercing che operano da casa e vendono online le loro creazioni. Oggigiorno, siete delle madri che lavorano se dite di esserlo. Fine della storia.

La tecnologia, il talento e l'atteggiamento illuminato di alcuni datori di lavoro non solo permettono alle donne di scegliere quello che vogliono essere, ma offrono anche a molte madri la possibilità di decidere quando e dove lavorare. Liberatevi dai pregiudizi dell'ufficio come unico luogo deputato e dal «Come puoi lavorare ed essere al tempo stesso una mamma?». Molte madri stanno raggiungendo nuove vette nei loro posti di lavoro, e affrontando nuovi dilemmi.

Alcune madri hanno superiori o lavori che non consentono loro il lavoro a distanza o un orario flessibile. Per altre, avere un maggior controllo sulla carriera non è idilliaco come sembra. Ci sono donne che hanno scelto il telelavoro e che parlano di come lavorare da un altro luogo sia più duro perché capi e colleghi esaminano i loro risultati in modo molto più approfondito e zelante di prima. E poco importa quale sia la vostra situazione, ci saranno comunque scelte difficili da fare e conflitti da risolvere. Ma a differenza delle generazioni che ci hanno preceduto, noi abbiamo sempre più opportunità di decidere dove vogliamo andare.

Le fasi della carriera

Proprio come l'infanzia ha fasi evolutive diverse, così ne ha la vostra vita professionale. Quando i figli sono piccoli e vogliono stare sempre con la mamma, forse sceglierete di mettere un freno alla carriera, optando per una posizione meno impegnativa o addirittura per restare a casa, se questa è per voi un'opzione praticabile. Una volta che i ragazzi diventano più indipendenti, potreste scoprire di avere l'energia e la motivazione per rientrare a pieno titolo nel mondo del lavoro.

Tutto questo non significa che le mamme che lavorano debbano fare giochi di prestigio. Forse l'orario flessibile vi permette di lasciare vostra figlia all'asilo alle nove e arrivare al lavoro alle nove e trenta: una mezz'ora che fa un mondo di differenza nell'inizio della vostra giornata. Potete lavorare da casa il venerdì e dedicare la pausa pranzo a fare volontariato nella scuola di vostro figlio. Siete bloccate in un ingorgo durante un'importante conference call? Intervenite dall'auto, usando gli auricolari o il vivavoce.

Sempre di più le mamme lavoratrici hanno la possibilità di autodeterminare il ritmo e la direzione della propria carriera professionale. Questa forma di controllo in merito al dove, al quando e al quanto lavorare, vi aiuterà anche a restare in buona salute. Di fatto, le ricerche indicano che le persone che godono di una certa flessibilità lavorativa stanno fisicamente e psicologicamente meglio di chi è limitato da condizioni più rigide.

Stabilire confini

Se lavorate per una società poco flessibile, non prendetela come una condanna. Il vostro obiettivo dovrà consistere nel fare il possibile per stabilire e mantenere limiti precisi tra lavoro e vita privata. Lo sappiamo, è più facile dirlo che farlo. Ecco il primo passo da compiere: concedete a voi stesse di tirare una linea. Nessun altro lo farà: di sicuro non il vostro capo. Consideratela un'iniziativa non meno importante delle regole che avete creato per i vostri figli. Vi aspettate che loro le rispettino, quindi imponetevi di fare lo stesso.

{da mamma a mamma}

«A volte, nonostante tutti i vostri sforzi, scoprirete che vita professionale e famigliare non si conciliano come avevate sperato. Se non riuscite a compiere le modifiche necessarie, forse è arrivato il momento di lasciare il lavoro. Certe volte la risposta è un impiego nuovo. Altre, un nuovo capo. E altre ancora, la risposta sta nel diventare il capo di voi stesse».

da mamma a mamma

«Non date per scontato di non poter modificare il vostro orario. Informatevi sulle possibilità del lavoro da casa. Nel mio caso, mi ha aiutata ad avere un maggiore equilibrio e a mantenere vivo il rapporto con i miei figli».

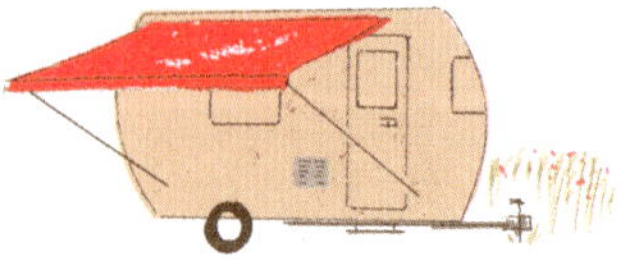

All'orizzonte

Quando l'orario flessibile ha cominciato a insinuarsi nel mondo del lavoro, sembrava un'autentica rivoluzione. Forse penserete la stessa cosa dopo che avrete scoperto le nuove opportunità che stanno cominciando a presentarsi, ma crediamo che non passerà molto tempo prima che diventino scontate proprio come è ormai la flessibilità.

Contesto lavorativo basato solo sui risultati. Secondo questa formula, i collaboratori possono lavorare ovunque vogliano e quando vogliono, purché l'incarico loro affidato sia ultimato nei tempi stabiliti. Le riunioni obbligatorie non esistono. Le pressioni faccia a faccia non esistono. È stata la Best Buy a lanciare per prima questo approccio al lavoro, ma da allora altre, come Gap e IBM, lo hanno adottato.

Lavoro mobile. La formula si basa esclusivamente sulla nostra capacità di lavorare quasi ovunque grazie a Internet. Se siete più produttive lavorando sedute su una panchina del parco, è lì che dovreste buttare giù la vostra presentazione per l'ufficio vendite. Se avete bisogno di rivedere una relazione mentre aspettate l'arrivo della baby sitter, benissimo. Dipendenti e datori di lavoro hanno scoperto che cambiare ambiente può migliorare l'umore e aumentare creatività e produttività.

Personalizzazione della carriera. Questo programma consente ai collaboratori di apportare cambiamenti fondamentali nel carico di lavoro, nelle responsabilità, nella job location e nella programmazione, senza temere di venire licenziati. È stata la Deloitte, la società internazionale di consulenza e amministrazione a crearlo, perché riflette la sua convinzione secondo cui i collaboratori sono più soddisfatti (e di conseguenza più leali all'azienda e disposti a rimanerci) quando hanno la possibilità di inglobare la vita personale nel lavoro e il lavoro nella vita personale. La società prende molto sul serio le esigenze dei dipendenti e sta creando una cultura aziendale dove la flessibilità è la norma. In futuro, la tendenza potrebbe interessare altre compagnie.

Il galateo del lavoro fuori ufficio

Il lavorare ovunque e in qualsiasi momento si accompagna ad alcune situazioni alquanto scabrose: impacciate conference call, collegamento Internet debole, e «Oh, no, la batteria sta morendo». Difficoltà con cui la maggior parte di noi non deve vedersela quando lavora fra quattro pareti ben definite e con i colleghi a portata di mano. Ecco alcune cose da fare o da non fare perché tutto proceda un po' più liscio:

Pianificate per tempo le conference call. Assicuratevi di inviare ai colleghi il materiale relativo con ventiquattro ore di anticipo. Durante la telefonata, evitate domande generiche come «Qualche commento?». Invece, sollecitate un feedback da partecipanti specifici. Sforzatevi di concludere la seduta con un breve compendio e una concisa illustrazione dei passi successivi da intraprendere.

Non ignorate l'obiettivo quando partecipate a una videoconferenza. Quando parlate davanti a una telecamera, stabilite un contatto visivo con l'obiettivo. I microfoni captano il fruscio della carta e il latrare del cane, quindi è semplice cortesia spegnere il microfono quando è qualcun altro a parlare. Meglio parli una sola persona alla volta.

Imparate a gestire le chiamate senza risposta. Possono infatti sfociare in esasperanti, ripetuti quanto inutili tentativi di mettersi in contatto chiamandosi in continuazione. Stabilite invece una regola di base: la persona che dà il via alle chiamate è anche quella che richiama.

Non esagerate nell'utilizzo delle postazioni wi-fi. È certamente fantastico godere di un cambiamento di scena rispetto all'ufficio ma, quando usate un punto wi-fi pubblico, ci sono alcune regole da rispettare. Primo, non occupate più spazio di quanto ve ne serva. Secondo, ordinate qualcosa da bere e/o da mangiare. Terzo, fate conoscenza con il titolare o gestore e ringraziatelo quando ve ne andate.

Indirizzate le chiamate alla casella vocale. Solo perché il vostro telefono suona, non significa che rispondere sia sempre appropriato. Non esitate a premere il tasto "Ignora" in ascensore, sull'autobus o in treno.

Diventate il capo di voi stesse

Se state pensando di mettervi in proprio, sappiate che siete in buona compagnia. Il numero delle lavoratrici autonome sta crescendo a un ritmo pari al doppio di quello degli uomini. Delle donne che hanno partecipato al sondaggio di *Working Mother*, una su dieci aveva un'attività sua. Non è solo una tendenza, signore; è un movimento! Siete del parere che vi piacerebbe essere il capo di voi stesse? Ecco i segnali che vi diranno se siete pronte.

1 Accettate senza troppi timori alcuni rischi, fra cui quello di rinunciare alla continuità di uno stipendio mensile. Avviare un'attività richiede tempo, quindi è essenziale poter disporre di una certa cifra per affrontare il difficile periodo iniziale.

2 Avete svolto ricerche e individuato il vostro nuovo ambito. Può sembrare ovvio, ma dovete avere prove certe che esiste un mercato per il prodotto o il servizio che intendete offrire e che deve trattarsi di qualcosa di nuovo e potenzialmente interessante.

3 Siete disposte ad accettare tempi lunghi. La strada per diventare un'imprenditrice di successo è molto spesso irta di ostacoli. Dopo tutto, stando alla Small Business Association, circa la metà delle piccole attività fallisce nel giro di cinque anni. Avere un piano a lungo termine - e molto, molto appoggio - vi aiuterà a tener duro.

4 Siete motivate e fiduciose. Nessuno vi soffierà sul collo se rimandate. Dovete soddisfare solo le vostre aspettative. Per essere il capo di se stesse, è necessario essere coriacee e possedere autodisciplina. Con ogni probabilità, non solo lavorerete sodo, ma dovrete anche sapervi vendere e saper promuovere la vostra attività.

5 Vi preoccupate, ma in modo costruttivo. Un'ansia eccessiva può risultare paralizzante. Ma se riesaminate con attenzione i problemi e cercate soluzioni per fare meglio la volta successiva, le probabilità di successo aumenteranno. Chi tende a riposare sugli allori spesso trascura opportunità o non vede potenziali insidie.

6 Siete flessibili. Una persona che ama i cambiamenti si adatta con rapidità. Non vi importa più di tanto se le cose non vanno sempre secondo i vostri piani.

7 Vedete il mondo per quello che è, non come pensate che dovrebbe essere. Gli ottimisti sono i benvenuti, ma bisogna anche essere realisti. Un'abilità chiave dev'essere quella di fare un passo indietro e valutare con lucidità quello che che non funziona.

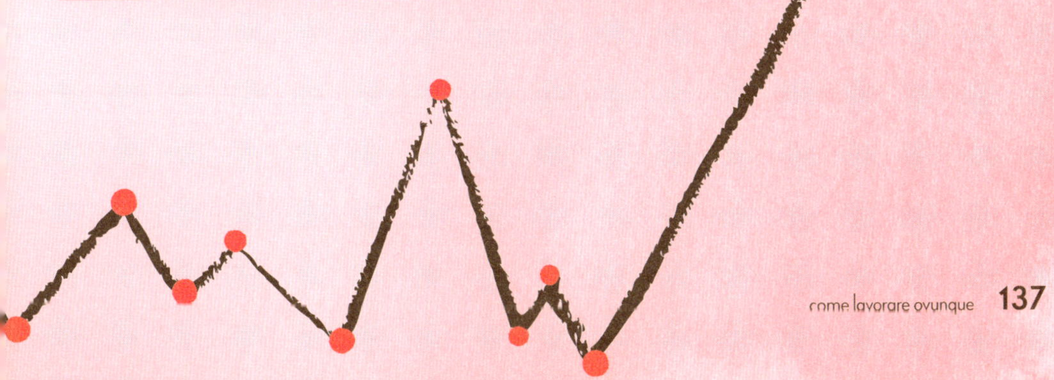

da mamma a mamma

«Amo il mio lavoro. Di conseguenza, scaduto il congedo per maternità, mi sono trovata di fronte a una scelta: restare mentalmente sana e tornare a lavorare o dare a mia figlia una madre a tempo pieno ma pazza. Mi hanno tacciata di egoismo perché ho optato per il lavoro, ma quando ho smesso di preoccuparmene e ho imparato ad avere fiducia nelle mie decisioni e nei benefici che comportavano per la mia famiglia, sono stata felice».

Formate un gruppo di sostegno

Alcune aziende prevedono un gruppo risorse dipendenti specifico per madri. La popolarità di questi gruppi sta aumentando in quanto strumenti essenziali per condividere esperienze analoghe, così da sostenersi a vicenda e cercare soluzioni ai problemi comuni che si trovano ad affrontare. Come parte di un simile gruppo, potete rendere le altre partecipi delle vostre idee e contribuire a cambiamenti che interessino l'intera azienda. I vantaggi stanno nella visibilità all'interno dell'azienda stessa e nella possibilità di stabilire politiche che aiutino le madri lavoratrici a svolgere al meglio le loro mansioni.

Altro suggerimento: avviate un gruppo informale di madri che lavorano. Magari semplicemente mandando una e-mail a tutte le mamme lavoratrici che conoscete per invitarle a bere qualcosa una volta al mese. Al fine di avere prospettive nuove e fresche, incoraggiatele a portare anche le amiche che vivono la medesima situazione. Passare un po' di tempo con persone in grado di capire perfettamente la vostra vita aiuta moltissimo ad alleviare lo stress e può anche essere divertente.

Non scusatevi

Vi guardano inarcando le sopracciglia quando dite che avete dei figli e lavorate? Sfortunatamente, non andrebbe meglio neanche se fosse il contrario: alle mamme che stanno a casa è riservato lo stesso trattamento proprio perché non lavorano. Se vi interrogano sui motivi della vostra scelta, è utile avere una risposta pronta che chiuda in modo definitivo il discorso. Una battuta come «Perché allevare mio figlio quando può farlo qualcun altro?» troncherà le critiche sul nascere. Troppo caustiche? Provate allora con questa risposta onesta (e anche di effetto): «Lavoro perché mio figlio abbia una casa». Fate una pausa perché l'interlocutore ne assorba fino in fondo il significato, quindi aggiungete: «Lavoro anche perché lo trovo gratificante e perché voglio essere un modello positivo per lui». Giudicare è uno sport comune fra le donne, specie se competitive. Se, dove e quando decidete di lavorare, è soltanto affar vostro.

Accogliete il cambiamento

L'attuale panorama lavorativo, così pieno di cose che cambiano ogni giorno, può a volte risultare eccessivamente opprimente. Le donne che lavorano sono in numero sempre maggiore. Per alcune, stanno cambiando anche gli ambiti in cui operare. Per altre, la pressione deriva dal desiderio di acquisire nuove capacità e assumere mansioni estranee al loro campo, così da poter avanzare professionalmente. E se per caso prevalesse l'idea di procedere senza sforzo per qualche tempo? Dopo tutto, siamo creature abitudinarie.

Qui la chiave sta nel riconoscere che state vivendo una situazione stagnante perché avete paura dell'ignoto e non volete cadere. Se è così, fate a voi stesse un discorsetto d'incoraggiamento. Pensate in termini di piccoli passi in avanti. Lasciare l'ambito in cui vi sentite sicure potrebbe rivelarsi un'esperienza fantastica. Aprite un account su Twitter. Cominciate a bloggare. Parlate con altre persone dotate di flessibilità e valutate il loro modo di vivere. E quando sentite che vi state perdendo d'animo, pensate a quello che ha detto Charles Darwin, il celebre naturalista: «Non è la specie più forte a sopravvivere. Ma quella più adattabile al cambiamento».

Mamme lavoratrici in ascesa

È stimolante vedere esplodere il modello lavorativo tradizionale, offrendo così alle mamme opportunità professionali più eccitanti e duttili quali mai sono esistite prima. Negli Stati Uniti, le donne hanno superato gli uomini nel mondo del lavoro. Non significa che vogliamo annientare i maschietti, ma è importante riconoscere che abbiamo finalmente raggiunto la massa critica e che possiamo non solo esigere modifiche, ma anche fare in modo che vengano apportate. Avere una carriera è un'avventura che può condurvi in luoghi inimmaginabili. Datori di lavoro solidali, mentori fidati e altre mamme lavoratrici dispongono della saggezza, delle cognizioni, della comprensione e delle scorciatoie che vi aiuteranno a lavorare in maniera efficace e a godervi molto di più la vita che vi state costruendo.

Indice

Ringraziamenti

Un grazie sincero e riconoscente alla squadra della Weldon Owen (Terry Newell, Roger Shaw, Elizabeth Dougherty e Katie Moore) che ha trasformato la nostra idea in realtà; a Elizabeth Shaw e Abbie Tuller per aver perfezionato il testo; e al team grafico (Kelly Booth, Michel Gadwa, Conor Buckley e Marisa Kwek) per aver reso il libro così bello.

Grazie a Barbara Turvett di *Working Mother* per aver condiviso con noi idee e intuizioni e a Ebby Antigua, Ryan Cline e Ilisa Cohen per essersi spinti più in alto e più oltre. Grazie a India Cooper per il suo occhio d'aquila e a Lee Clower, un fotografo che adoriamo. La nostra più profonda gratitudine a Nishan Akgulian per aver catturato nelle sue illustrazioni tutto quello che volevamo dire. Un ringraziamento speciale a Carol Evans, presidente della Working Mother Media, per il suo appoggio e la fiducia dimostrata nel valore di questo manuale per le mamme che lavorano.

Un evviva a Paule Anne Kaziewicz della Walker Communications per averci aiutate nel sondaggio. E alle mille e più mamme lavoratrici che hanno partecipato e condiviso preziosi suggerimenti.

Un grazie da Suzanne a Wendy e Nancy, per il loro irrinunciabile sostegno. Grazie ai miei meravigliosi genitori. E a mio marito per aver creduto in me e avermi incoraggiata.

E da parte di Teresa, un grazie a Mary O'Rourke, Kathy Reiper e Sharon Curley che non hanno mai mancato di venire in mio soccorso. A mia sorella Mar, per la sua abnegazione che ogni giorno mi salva. E a Mike per aver reso divertente il ruolo di genitore.

E ai nostri figli, Jack e Jay. Voi fate sì che la "sopravvivenza" rimanga divertente grazie al vostro irresistibile fascino che ci ricorda come poco conta quanto siamo impegnate. C'è sempre tempo per una gara di solletico.

Titolo originale: Working Mom Survival Guide

First published in 2011 by Weldon Owen Inc.,
415 Jackson Street,
San Francisco, CA 94111

Redazione: Corso della Vittoria 91, 28100 Novara
internet: www.deagostini.it

Prima edizione: giugno 2012

Traduzione dall'inglese: Barbara Piccioli

Codice: U7252235
ISBN: 978-88-418-7778-4

Stampato in Cina da Toppan-Leefung Printing Ltd., 2012

Working Mother

Voce di più di 2,2 milioni di mamme lavoratrici, *Working Mother* agisce come una community per le donne che lavorano e al tempo stesso devono occuparsi di una famiglia. La pubblicazione offre un miscela unica di contenuti di natura personale, professionale e famigliare e si fa portabandiera dei problemi che maggiormente stanno a cuore alle madri lavoratrici. L'iniziativa voluta da *Working Mother* di segnalare le 100 migliori aziende è diventata un parametro per le società statunitensi, e l'innovativa *Migliori società per donne di culture diverse* ha attirato l'attenzione di tutto il Paese su aspetti quali il sesso, la razza e le differenze di trattamento in ambito lavorativo.

Suzanne Riss

Già caporedattore di *Working Mother*, Suzanne (a sinistra) è una giornalista con all'attivo svariati premi e quindici anni di esperienza con i problemi lavorativi delle donne. Scrive regolarmente su rapporti genitori-figli, salute, stili di vita e questioni finanziarie. Ha occupato posizioni di rilievo in molte riviste nazionali e ha conseguito un master in giornalismo presso la Columbia University. Nei suoi cinque anni presso *Working Mother*, ogni settimana ha risposto prontamente a domande di mamme lavoratrici alla ricerca di assistenza e consiglio.

Teresa Palagano

Scrittrice ed editor da quindici anni, di cui otto con *Working Mother* e di recente come vice caporedattore, Teresa (a destra) scrive su rapporti fra genitori e figli, salute e stili di vita. Giornalista che vanta numerosi riconoscimenti, ha rivestito ruoli di spicco presso molte pubblicazioni a diffusione nazionale, occupandosi di un po' di tutto, dall'industria vinicola ai trattamenti spa alle calzature. Teresa è felice soprattutto quando può aiutare le madri che lavorano a confrontarsi con le stupefacenti e sconcertanti realtà attualmente insite nel ruolo di genitore.

Michele Borba

Madre di tre figli, psicologa educazionale, Michele Borba è un'esperta di rapporti genitori-figli. Autrice di vari libri di successo, di recente ha scritto *The Big Book of Parenting Solutions: 101 Answers to Your Everyday Challenges and Wildest Worries.*